Oswald Hitschfeld

DER KLEINSTHOF

und andere gärtnerisch-landwirtschaftliche
Nebenerwerbsstellen
Ein sicherer Weg aus der Krise

Organischer Landbau Verlag
Kurt Walter Lau

OLV

Fachverlag für
Garten und Ökologie

Bibliografische Information Der Deutschen Bibliothek
Die Deutsche Bibliothek verzeichnet diese Publikation in der Deutschen
Nationalbibliografie; detaillierte bibliografische Daten sind im Internet unter
http://ddb.de abrufbar.

© 7. unveränderte Auflage 2009 by OLV Organischer Landbau Verlag
Kurt Walter Lau, Kevelaer, www.olv-verlag.de

Bearbeitung und Lektorat: Kurt Walter Lau
Druck und Verarbeitung: Interpress
Gedruckt in Ungarn

ISBN 978-3-922201-16-8

Fordern Sie bitte unverbindlich unseren aktuellen Gesamtprospekt an!

Inhalt

Vorwort des Bearbeiters

Die vorliegende Schrift beschäftigt sich mit dem kleinbäuerlichen Siedler- und Selbstversorgerhof. Sie will nicht dazu auffordern, zur vorindustriellen Selbstversorgergesellschaft zurückzukehren, sondern zu einer nachindustriellen Selbstversorgung, die sich an den Erfahrungen der Industriegesellschaft orientiert.

Dabei wird nicht erstrangig der bäuerliche Familienbetrieb im Vollerwerb behandelt, vielmehr die sich mit qualitativ hochwertigen Lebensmitteln selbst versorgenden Familiengärtner und Nebenerwerbsbauern.

Der Kleinsthof bietet aber nicht nur Selbstversorgern eine gesunde Lebensgrundlage, sondern vor allem auch so manchem Landwirt die Möglichkeit, vom Vollerwerb in die so genannte Einkommenskombination umzusteigen.

Selbstversorger- und Nebenerwerbshöfe werden vielleicht einmal eines nicht mehr so fernen Tages für manchen Mitmenschen eine Art Auffangstation sein. Vielleicht so etwas wie ganz kleine Archen im chaotischen Zeitenstrom, von denen ein neues Denken und Handeln ausgeht, das die Entwicklung der Menschheit hin zu einem glücklichen Leben einen großen Schritt weiterbringt. Wir alle sollten solche Archen bauen und uns untereinander vernetzen, damit uns die Welle der neuen Zeit schwungvoll erfassen kann und zu neuen Ufern trägt.

Kurt Walter Lau im Oktober 2000 und im Januar 2003

6

Die Notsituation kleiner und mittlerer landwirtschaftlicher Vollerwerbsbetriebe

In keinem Abschnitt seiner jahrtausendealten Geschichte hat der Urstand des Volkes, der Bauer, so einschneidende Veränderungen erlebt wie in den letzten drei Jahrzehnten. Aus einem die ewigen, unabänderlichen Gesetze der Natur beachtenden Heger und Pfleger ist er sozusagen zu einem landwirtschaftlichen Industriellen geworden. Dass die landwirtschaftliche Arbeit unterbewertet ist, erfahren wir Jahr für Jahr aus den Vergleichszahlen über sein Einkommen bei der Gegenüberstellung zu dem anderer Berufsgruppen.

Um auf die Dauer existieren zu können, müssten die Bauern – besonders auch die, die unter ungünstigen Bedingungen wirtschaften müssen – für ihr Getreide das Doppelte des bisherigen Preises bekommen. Es besteht aber keinerlei Aussicht auf eine weitere Anhebung. Höchstens kann man in fernerer Zukunft auf eine Mangelsituation setzen. Irgendwann werden sich auch die Böden der USA, Kanadas, Argentiniens bei der fast in allen Hauptanbaugebieten herrschenden Bodenausbeutung erschöpfen. Aber solange die amerikanischen Farmer trotz Stilllegung eines vollen Viertels ihrer Anbaufläche noch unverkäufliche Überschüsse erwirtschaften, hält die gegenwärtige Überproduktion an. Allerdings dürfte im Laufe von zwei bis drei Generationen, wenn das letzte Rohphosphat abgebaut sein wird, ein Ende der laufend in die Höhe kletternden Hektarerträge eintreten. Es kann dann zu einem empfindlichen Rückgang kommen, denn das von *Justus von Liebig* erstmals formulierte Gesetz des Nährstoff-Minimums, auf Grund dessen sich Wachstum und Ertrag von Pflanzen nach dem in geringster Menge vorhandenen Faktor – hier Nährstoffe – richtet, hat absolute Geltung.

Inzwischen jedoch wird die Situation der europäischen Bauern immer prekärer und die Verschuldung der meisten Betriebe steigt weiter an. Das Bauernsterben setzt sich fort. Das beeindruckt unsere Agrarpolitiker aber nicht in dem Maße wie die leeren Kassen der Europäischen Union. Unsere Agrarpolitik erzeugt durch die vielen Reglementierungen und die dadurch notwendigen Kontrollen hohe Kosten, die nicht mehr tragbar sind. Um ein weiteres Ansteigen der Milchproduktion zu verhindern, hat der ehemalige Bauernpräsident *Heeremann* bereits vor Jahren die Gewährung von Beihilfen zum Bau von Großställen, die bisher nur allzu bereitwillig gegeben wurden, gestoppt. Trotzdem gilt immer noch die Devise: »Wachsen oder weichen«, zumindest was den Existenzkampf im Allgemeinen betrifft. Für die Zukunft sind allerdings für Kleinbetriebe Begünstigungen vorgesehen, worauf noch hinzuweisen sein wird.

Die Milchquotenregelung trifft aber wieder vorwiegend die Kleinen. Was wird man aber mit den zahlreichen subventionierten Großställen anfangen, die zur Zeit des erwähnten Erlasses bereits im Bau waren? Einer straffen Kontingentierung beginnen jetzt schon viele auszuweichen. Sie buttern zu Hause, verkaufen einen Teil ihrer Milch ab Hof und stellen auf Mastrinder um. Fleisch hat aber die EU auch bereits zuviel. Man wird weiter versuchen auszuweichen.

In einem Artikel von *Klaus Peter Krause* in der »FAZ« vom 25. August 1983 unter der Überschrift »Die neue Knechtschaft – wohin der Weg die Bauern jetzt führt«, ist zu lesen: » ... Die Quoten für Zucker haben dazu beigetragen, dass Landwirte auf Raps auswichen. ›Eine Garantieschwelle‹ für Raps ist bereits die Strafe für eine zu hohe Rapserzeugung.«

Er schreibt dann weiter: »So werden Schritt für Schritt immer mehr Produkte kontingentiert und die Bauern immer stärker von Quoten eingezwängt. Sie verlieren ihre unternehmerische Freiheit. Sie degenerieren zu Befehlsempfängern einer sich aufblähenden Agrarverwaltung. Sie liefern sich bürokratischer Willkür und Vorschriften aus, die sie schon heute als zuviel beklagen. Sie produzieren, was die Behörde ihnen sagt und erlaubt. Die landwirtschaftliche Produktionsstruktur erstarrt in Unbeweglichkeit. Die Bauernbefreiung aus der Leibeigenschaft ist lange her und Geschichte. Aber nun wollen sich die Bauern neue Fesseln anlegen lassen, nicht mehr freie bäuerliche Unternehmer sein.«

Wir fassen die heutige Situation in wenigen Sätzen zusammen: Die gegenwärtige Lage der großen Hofeinheiten, die mit den geschilderten Reglementierungsmaßnahmen wohl oder übel werden leben müssen, ist zwar kein Idealzustand, aber immerhin wirtschaftlich und psychisch einigermaßen tragbar.

Die Lage kleiner und mittlerer Betriebe, die ohne Zuerwerb leben müssen, wird laufend schlechter. Sie haben es am schwersten und für sie wären Direktbeihilfen im Sinne der Vorschläge von Professor *Priebe*, der dies seit langem fordert, wenigstens in der gegenwärtigen Situation dringend nötig. Sie sind entweder wegen größerer Entfernung zu einem Arbeitsplatz, allgemeinen Beschäftigungsmangels oder auch der Größe des Betriebes wegen ganz auf die Einnahmen aus ihrer Landwirtschaft angewiesen. Und diese ergeben angesichts der gegenwärtigen ungünstigen Preisschere für landwirtschaftliche Erzeugnisse zu den nötigen Aufwendungen in keiner Weise eine positive Bilanz.

Nun machen nach neueren Veröffentlichungen die Aufwendungen für die Erhaltung und Wiederherstellung der Gesundheit bereits mehr aus als für die Ernährung. Ich bin mir bewusst, dass Berechnungen bzw. Ge-

8

genüberstellungen der finanziellen Situation von Lohn- bzw. Gehalts-empfängern und selbständigen Bauern stark variieren können, aber rein rechnerisch schneiden diese schlechter ab als jene. Warum hätte sonst die Hälfte aller Bauern in den letzten drei Jahrzehnten ihre Scholle ver-lassen, von der sie sich nur schwer trennten? Eine oft 16-stündige Ar-beitszeit, kein Urlaub u.a. haben natürlich auch wesentlich dazu beige-tragen. In der Hauptsache aber ist es die offenkundige schlechte wirtschaftliche Situation, in der sich kleinere und mittlere Landwirte be-finden. Die Tendenz zur Vergrößerung der Betriebe war von diesem Blickpunkt aus natürlich voll und ganz berechtigt. Bestimmte Ausgabepo-sten bleiben für einen Groß- wie für einen Kleinbauern dieselben (Kran-ken- und Altersversicherung, Steuern und Unterhaltungskosten eines Kraftfahrzeuges, wenn er eines hat; höherer Aufwand für die Technik, die ein kleiner Betrieb optimal ausnutzen kann usw. Einen Mähdrescher kann ein mittlerer Landwirt oft nur zwei bis drei Tage im Jahr einsetzen, er benötigt ihn aber...).

Diese Sachlage kann in manchen Fällen vielleicht etwas günstiger aus-sehen, in vielen aber sicher auch schlechter. Wetterbedingte Erntever-luste, Unglück im Viehstall und vieles andere können die Endbilanz für den Bauern eher noch ungünstiger beeinflussen.

Die Entwicklung zu vermehrter Belastung des Einzelbürgers in unse-rem Wohlfahrtsstaat (als Beispiele nur steigende Aufwendungen im Ge-sundheitssektor, für die Altersversorgung, im Versicherungswesen usw.) nahm in den vergangenen Jahren rapide zu und ist kaum zum Stehen zu bringen. Eines steht jedenfalls fest: Geld ist in kleinen und mittleren Be-trieben keines zu verdienen. Das muss woanders herkommen. Diese Dar-stellung musste etwas ausführlicher sein, damit keine Illusionen über die Möglichkeit der Wiederentstehung von Familienbetrieben in dieser Größenordnung entstehen. Wenigstens so lange das pure Rentabilitats-denken herrscht. Um aber keine Missverständnisse in Bezug auf die Ge-sinnung des Verfassers aufkommen zu lassen, folgendes: Solche Bauern-höfe waren die ganzen überschaubaren Jahrhunderte hindurch die Idealform der menschlichen Existenz schlechthin. In ihnen lebten gleich-zeitig drei bis vier Generationen und alle waren für damalige Begriffe gut versorgt. Durch die Mitarbeit von Kindern, Eltern und Großeltern konn-ten alle Arbeiten sorgfältig getan werden, es gab keine Natur- und Boden-zerstörung wie heute.

Bei bescheidenen Lebensansprüchen sind natürlich auch gegenwärtig Höfe in der ungefähren Größenordnung zwischen 10 und 30 Hektar (je nach Bodengüte, Höhen- und Marktlage) lebensfähig und niemand sollte

ihre Bewirtschaftung aufgeben. Besonders dort, wo auch noch Sonderkulturen angebaut werden können und eine verständige Kundschaft Wert
legt auf naturgemäß angebaute Erzeugnisse. Vielleicht kommt bald die
Zeit, wo Einheiten, die einen geschlossenen Betriebskreislauf bilden und
so einen lebendigen Organismus darstellen, lebensfähiger sein werden
als einseitige Monokultur-Großbetriebe.

Hilfe durch Technik: Fluch oder Segen?

Gescheite Köpfe haben ausgerechnet, dass bei Ausschöpfung aller Möglichkeiten der Technisierung in Industrie, Verwaltung, im Bank- und Versicherungswesen, bei jeder Bürotätigkeit, im Bergbau usw. nur noch ein
Bruchteil der heute tätigen Menschen Arbeit und Brot finden werden.
Dieses Untersuchungsergebnis erfüllt die Betroffenen, die Gewerkschaf-
ten und Politiker, mit Schrecken und erweckt vielfach Widerstandsgefüh-
le gegen diese Entwicklung. Der Vorwurf jedoch, den man Unterneh-
mungsleitungen heute macht, sie verwendeten Investitionsbeihilfen der
öffentlichen Hand statt zur Einstellung zusätzlicher Arbeitskräfte für die
Rationalisierung ihrer Betriebe mit der Folge weiterer Entlassung von Be-
schäftigten, lässt die gerügten Betriebsinhaber zumeist ungerührt. Sie
führen dagegen mit Recht an, dass ohne Einsparung teurer, menschlicher
Arbeitskraft ihre Konkurrenzfähigkeit im In- und Ausland leidet. Sie ver-
weisen des weiteren auf die Japaner, die durch ihre hoch entwickelte
Technik allen Wettbewerb aus dem Felde schlagen, und führen demge-
genüber England an, wo infolge veralteter Produktionsbedingungen eine
enorme Arbeitslosigkeit herrscht. Sie weisen ferner darauf hin, dass in
Deutschland in den vergangenen Jahren eine große Anzahl von Firmen-
zusammenbrüchen durch eine rechtzeitige Rationalisierung zu vermei-
den gewesen wäre. Sie fragen daher: Was ist mit dem Blick auf das dro-
hende Gespenst der Arbeitslosigkeit besser: eine völlige Schließung des
Betriebes oder eine gesicherte Weiterarbeit mit einer reduzierten Beleg-
schaft? – Die Antwort darauf kann nicht schwerfallen.

Das Rad der Entwicklung ist also offenbar nicht zurückzudrehen. Nach
den Gesetzmäßigkeiten des heutigen Wirtschaftslebens muss daher
zwangsläufig die Zahl der Beschäftigungslosen auf der ganzen Welt ständig ansteigen. Was dies besonders für die Jugend bedeutet, braucht hier
nicht weiter dargestellt zu werden. Nichts ist schlimmer für den Menschen als die Erkenntnis, dass er überflüssig, dass er unnütz ist. Dies führt
zu schweren seelischen Konflikten, oft zu Alkohol- und Drogensüchtig-
keit oder gar zu Kriminalität und Selbstmord.

Was kann dagegen getan werden? Vorverlegung des Rentenalters, Arbeitszeitverkürzung (bei vollem Lohnausgleich ist sie für ein Unternehmen nicht tragbar), Zuschüsse an Betriebe, ohne wirklichen Bedarf, neue, zusätzliche Arbeitsplätze zu schaffen, Wiederbelebung alter handwerklicher Praktiken, die im Zeitalter der Massenproduktion größtenteils verschwunden sind, Beschäftigung bei der Entwicklung energiesparender Technologien, Arbeit im Umwelt- und Landschaftsschutz und einiges andere können sicher einige Hunderttausende neuer Arbeitsplätze schaffen. Alle diese Maßnahmen werden aber die Probleme der dritten industriellen Revolution nicht in entscheidendem Maße lösen.

Es ist daher kein Wunder, dass die Frage: »Hilfe durch die Technik: Fluch oder Segen?« von vielen Menschen dahingehend beantwortet wird, der immer mehr fortschreitende Ersatz des Menschen durch die Maschine sei im Grunde doch ein Fluch. Muss das so sein? Keineswegs! Es wird im Folgenden zu zeigen sein, dass der Aufbau einer krisenfesten Gesellschaft durch Einbrüche in unser gegenwärtiges Beschäftigungssystem möglich ist.

Es muss wieder eine entschiedene Hinwendung zu landwirtschaftlich-gärtnerischer Tätigkeit einsetzen, so sehr dies dem gegenwärtigen Trend bei uns und in der so genannten Dritten Welt auch widerspricht.

Dort wie hier wird dies aber als Anachronismus (Zeitwidrigkeit) in überwiegendem Maße abgelehnt. In den Industrienationen setzt man allein auf Wachstum, d.h. auf noch zu steigernde Produktion. Dabei führt doch die gegenwärtige Wirtschaftssituation die völlige Aussichtslosigkeit der daran geknüpften Erwartungen vor Augen.

Wird auf diesem Wege weiter fortgeschritten, werden weltweit zusätzliche Fabrikschlote und Auspuffrohre von Kraftfahrzeugen ihre Abgase in die Luft entlassen und weiteres planzliches, tierisches und auch menschliches Leben gefährden. Dies ist der eine Aspekt.

Diese Tendenz hat natürlich auch zur Folge, dass damit noch mehr Menschen in allen Teilen der Welt vom Lande abgezogen werden, die Städte füllen und diese zum Teil unbewohnbar machen, wie es an Hand von genügend Beispielen in der »Dritten Welt« darzustellen wäre. Früher oder später muss es hier noch zu weit schlimmeren, katastrophalen Zuständen kommen, als sie dort jetzt schon herrschen.

Umweltzerstörung, Beschäftigungslosigkeit, Hunger und allgemeine Verelendung werden die Menschen dieser Regionen an den Rand des Chaos bringen, wenn man sich nicht dazu aufrafft, den als Anachronismus empfundenen Weg zu beschreiten, d.h. sich verstärkt wieder der Landarbeit zuzuwenden.

Nun zu unseren eigenen Problemen: Es wurde einmal gesagt, dass nur ungefähr ein Drittel der heute erzeugten Industrieprodukte wirklich lebensnotwendig, ein weiteres Drittel unnötig und das letzte schädigend sei. Nun wäre es natürlich dem Wohle der Menschen dienlich, wenn Firmenzusammenbrüche vor allem in den letzten beiden Bereichen stattfinden würden. Aber das ist durchaus nicht der Fall. Um nur einige Beispiele zu nennen: Die Tabak-, Alkohol- und Rüstungsindustrie funktionieren ausgezeichnet. In allen drei Bereichen gibt es Überkapazitäten, und solange keine blanke Not herrscht, wird sich der Abbau nicht auf eine einzige dieser drei Gruppen beschränken. Er erfolgt bis auf weiteres überall relativ gleichmäßig. (Davon, dass die wachstumsbesessene Menschheit durch oft sinnlosen Verschleiß der nur begrenzt vorhandenen Energien und Rohstoffe ihre Zukunft in Frage stellt, soll hier nicht die Rede sein.) Jedenfalls setzt sich die Schrumpfung fort.

Das drückende Problem der Arbeitslosigkeit und die landbauliche Selbstversorgung

Wir erinnern uns alle noch an die langen Diskussionen über die Verkürzung der Arbeitszeit in Form einer Vorverlegung des Rentenalters und Einführung der 35-Stunden-Woche. Was Letzteres betrifft, so scheint die Rechnung dabei auf den ersten Blick plausibel zu sein. Wenn wir uns die vorhandenen Arbeitsmöglichkeiten als eine feste Größe vorstellen, etwa einem zu verteilenden Kuchen vergleichbar, so leuchtet doch nichts besser ein als die Vorstellung, dass es gerecht ist, wenn alle in gleichem Maße davon essen können. Das wäre doch sozial gerecht.

Nun, man soll den Befürwortern der 35-Stunden-Woche ihren sozialen Helferwillen nicht absprechen. Sie wollen sicher das Beste. In Wirklichkeit ist die Situation, bzw. wären die Folgen einer generellen Arbeitszeitverkürzung (besonders im gegenwärtigen Zeitpunkt) ganz anders. Sie wären verheerend. Denken wir die Sachlage einmal durch und unterstellen (was ja gefordert wird), dass sowohl in schlecht- als auch in gutflorierenden Branchen bzw. Unternehmen weniger gearbeitet würde. In jenen bliebe der Effekt deswegen aus, weil ja hier meist ohnehin schon kürzer gearbeitet wird. Welcher Unternehmer würde also in solchen Betrieben noch zusätzlich Arbeiter einstellen? Und gerade dies ist ja das Hauptmotiv bei diesen Vorschlägen.

Gesunde Unternehmen würden von der Krise ebenfalls ergriffen, weil sie nun unter erschwerten Bedingungen arbeiten müssten. Die Arbeitgeber geben ihre Kostensteigerung bei Einführung der 35-Stunden-Woche mit 14 bis 20 Prozent an. Diese Regelung wäre nur dann zu verkraften, wenn Löhne und Gehälter um mindestens 15 Prozent gesenkt würden. Daran kann natürlich niemand denken, und so würde sich die Absicht, mehr Arbeitsplätze zu schaffen, in ihr Gegenteil verkehren, nämlich in eine Flucht in noch stärkere Rationalisierung und Schwarzarbeit, d.h. es würden eher Arbeitsplätze vernichtet statt vermehrt.

In dieser Schrift wird bewusst von einer Stellungnahme zur herrschenden Wachstumsideologie abgesehen. Immerhin müssen wir uns aber bewusst sein, dass es Wachstum im jetzigen Sinn nur noch zwei bis drei Generationen geben kann. Dann ist es aber unwiderruflich zu Ende. Wachsen kann danach nur das, was regenerierbar ist. Alles andere ist (jetzt schon) Wachstum des Verschleißes, gleich, ob es um das Wachstum des Statussymbols Auto oder eines anderen Produktes geht.

Aber, wie gesagt, davon soll hier nicht die Rede sein. Hier geht es um das gegenwartsnahe Problem der gesicherten Existenz von Millionen Menschen.

Wir haben gesehen, dass eine generelle Herabsetzung der Arbeitszeit eher Arbeitsplätze wegschafft als sie zu vermehren. Das Beispiel Schweiz, wo heute noch 44 Stunden in der Woche gearbeitet wird und wo es faktisch keine Arbeitslosigkeit gibt, sollte doch zu denken zu geben.

Andererseits aber – das soll hier ganz deutlich ausgesprochen werden – tut eine Arbeitszeitverkürzung aus einem anderen Grunde doch bitter not. Wer wirklich den Arbeitstag, die Arbeitslast bestimmter Berufsgruppen kennt, wer erlebt, wie in bestimmten Branchen oft einer für vormals drei schuften muss, wird jedem dieser betroffenen Menschen schon allein aus menschlichen Gründen eine Reduzierung der Arbeitsstunden gönnen und sogar für notwendig halten.

Deshalb auch das positive Echo auf Vorschläge von Arbeitgebern und Politikern aller Richtungen im Hinblick auf Möglichkeiten einer flexibleren Arbeitszeitregelung. Umfragen sollen ergeben haben, dass Millionen dazu bereit sind. Der Hauptgrund, warum bis heute nahezu überhaupt noch kein Gebrauch davon gemacht wird, ist nahe liegend: Die wenigsten können, wenn mit der Flexibilität eine Verkürzung der Arbeitszeit verbunden ist, davon leben.

Ein Weg – der einzige, aber sicher der Erfolg versprechendste, über diese Schwierigkeiten hinwegzukommen, ist die hier schon mehrmals genannte Notwendigkeit einer verstärkten Hinwendung zur Landarbeit. Im Industriedenken befangene Menschen werden hier sofort Einwände aller Art zur Hand haben; etwa: Wo sollen wir das Land hernehmen? Seht doch die astronomischen Baulandpreise! Oder: Du redest baren Unsinn,

blicke doch nur auf die letzten vier Jahrzehnte, wie viele Landwirte aufgegeben haben! Wer will da wieder zurück aufs Land?

Diesen Einwänden soll im Folgenden begegnet werden. Was den
menschlichen Faktor betrifft, so strafen allein die 16 bis 18 Millionen
Hausgärten im wieder vereinigten Deutschland die angebliche Abnei-
gung, auf dem Lande tätig zu sein, Lügen. Die Familie zu drei bis vier Personen gerechnet, ergibt doch hier wohl eine stattliche Zahl. Die Land-
sehnsucht der Deutschen ist unverwüstlich. Ist sie größer oder kleiner als
das Fernweh bzw. wäre dieses vielleicht geringer, wenn jene von allen
gestillt werden könnte?

Die markanteste Ausprägung erreichte das Streben nach einer naturgemäßen, alles Hohle und Konventionelle leidenschaftlich ablehnenden
Lebensauffassung in der klassischen deutschen Jugendbewegung, die
gleich nach der letzten Jahrhundertwende die »Edelsten« der »Bürger-
lichen«, aber auch der Arbeiterjugend ergriff. Mit Gruppenwandern,
Zelten, Feriengroßfahrten, auch in fremde Länder, fing es an. Pflege und
Wiederauffinden alter Kulturgüter, besonders des Volksliedes und
-tanzes, Kleiderreform, echtes, volkstumgeprägtes Kunsthandwerk und
ähnliches fanden ihren Platz in den einzelnen Jugendbünden. Die große
Mehrzahl der Anhänger dieses Lebensstils begnügte sich damit, die
Pflege dieser Dinge in ihr Leben einzubeziehen bzw. dieses damit zu
durchtränken und anzureichern. Einer großen Anzahl aber genügte das
nicht, und sie drängten nach totaler Umgestaltung ihres Daseins. Da
sich dies nur verwirklichen ließ, wenn Lebens- und Arbeitsgemeinschaf-
ten auf dem Lande geschaffen würden, finden wir gerade in dieser Zeit
des Aufbruches der deutschen Jugend eine Fülle von *Siedlungsbestrebun-
gen* der verschiedensten Richtungen. Der Raum verbietet, hierzu aus-
führlich zu werden. Am ehesten würde es die Artamanenbewegung verdienen.

Über die Ursachen des Scheiterns der Mehrzahl dieser Bestrebungen
nach kürzerer oder längerer Zeit ist viel geschrieben worden. Überein-
stimmend kann festgestellt werden, dass die Hauptmängel wohl bei allen
einmal in einer Unterschätzung der *wirtschaftlichen Notwendigkeiten,* dann
aber auch im *Fehlen einer umfassenden Idee* im Hinblick auf die zu setzen-
de Ordnung bestanden. Sie waren ein Keim, der auf seine Zeit wartet.

Der Gärtnerhof

Nun trat ein Mann auf, der die Idee des Gärtnerhofes entwickelte und auf eigenem Gelände praktisch verwirklichte. Es war der Gartenarchitekt *Max Karl Schwarz* in Worpswede, unweit von Bremen. Seine Anregungen hatte er von *Leberecht Migge* empfangen, der den damals viel umstrittenen Satz aufgestellt hatte: »*Jedermann Selbstversorger auf 100 Quadratmeter Land*«. Er verstand darunter die Versorgung mit Gemüse, Obst und Frühkartoffeln für eine Person. Bekannt wurde seine Planung »Kulturgürtel Kiel«. Die von ihm vertretene gärtnerisch intensive Landnutzung beruhte auf dem Einsatz der Technik in industrieller Art unter Verwendung der städtischen Abfälle in Form der Kompostierung nach chinesischem Muster.

Max Karl Schwarz, der ein Zeit lang als Mitarbeiter bei Leberecht Migge tätig war, vermißte dort aber ein notwendiges, lebendiges Verhältnis zu Boden, Pflanze und Tier. Die von Migge entwickelte Methodik beschränkte sich einseitig auf mechanisch industrielle Maßnahmen im Pflanzenbau. Max Karl Schwarz dagegen handelte aus der Erkenntnis, dass sowohl ein landwirtschaftlicher, als auch ein gärtnerischer Betrieb als ein *in sich geschlossener Organismus* aufgebaut werden sollte, bei dem sich Zufuhren von außen nur auf das Notwendigste zu beschränken hätten. Die Vorraussetzungen dazu müssten durch eine wohl abgewogene Tierhaltung geschaffen werden. Ihm schwebte die Idee vor, *es müsse die meist sonst einseitig bestehende Intensität in der Viehhaltung des Landwirtes mit der Boden- und Pflanzenpflege des Gärtners in einer Person vereinigt werden.*

Dafür genügt eine relativ kleine Bodenfläche von 2,5 bis 4 Hektar, die aber neben der vollen Selbstversorgung auch noch bedeutende Marktleistungen erbringt. Der gesamte Anbau, selbst Wiesen und Weiden, unterliegt der eindringlichen Pflege und Bewirtschaftung, wie sie bisher nur die Gärtnerhand auszuführen vermochte. Ein halber bis ein Hektar Land wird innerhalb des Gärtnerhofes rein gärtnerisch in Hochleistungs-Mischkulturen angebaut. Diese hohe Intensität wird noch durch Frühbeetanlagen, Wanderglas und ein Anzuchthaus unterstützt. Allein von der rein gärtnerisch genutzten Fläche lässt sich die Gemüseversorgung für 100 Menschen über das ganze Jahr hinweg unter Zugrundelegung von 500 Gramm Gemüse je Tag und je Person bestreiten.

Solch ein Hof fordert vier bis fünf ständige Arbeitskräfte. Er gewährt etwa acht Menschen eine volle Versorgung und beruht auf einer Viehhaltung von zwei Kühen, zwei bis vier Schafen, zwei Schweinen, ein Dutzend Geflügel und Bienen. Außer Gemüse und Obst kommen als weitere

Leistungen des Gärtnerhofes Milch, Kälber, Wolle, Lämmer, ein Schwein, Eier und Honig zustande. Der große Vorteil des Gärtnerhofes liegt darin, dass bei seiner Bewirtschaftung zwei Berufe durch die leitende Persönlichkeit gleichzeitig ausgeübt werden, nämlich der des Gärtners hinsichtlich eines sehr intensiven Landbaus, einer ebensolchen Düngerpflege und Kompostwirtschaft, und der des Bauern hinsichtlich einer intensiv betriebenen Viehhaltung.

Max Karl Schwarz teilte die zu bewirtschaftende Fläche um das Wohn- und Wirtschaftsgebäude in einzelne Zonen ein:

a. den Intensivkern mit Frühbeeten, Wanderglas usw.
b. die Intensivzone
c. die Großanbauzone
d. die Extensivzone
e. als Abschluss eine Wallhecke oder Knick.

Er hat in vielen Vorträgen, Schriften und Zusammenkünften für diese Idee geworben und viele Lehrlinge und Lernwillige auf seinem Gelände ausgebildet. Es schwebte ihm eine Neugestaltung der ganzen Landschaft vor, wodurch, wenn seine Vorstellungen ein größeres Aus-maß angenommen hätten, die Monotonie und Lebensfeindlichkeit vieler deutscher Gegenden nicht entstanden wäre.

Die Kleinsthofidee von Heinrich Jebens

In den ersten Jahren nach dem Zweiten Weltkrieg stellte der niedersächsische Landwirt *Heinrich Jebens* der Öffentlichkeit einen Kleinsthofplan vor. Da nun die Gedanken von Heinrich Jebens noch heute bzw. wieder von höchster Aktualität sind, soll hier auf den Inhalt dieser Schrift eingegangen werden. Vieles gilt in unseren Tagen noch genau wie 1945. Man muss gedanklich einmal zurückschalten auf den Frühsommer 1945: Großstädte und Industrieanlagen waren weitgehend zerstört, das Land voll von Ausgebombten und Heimatvertriebenen. Es herrschten Arbeitslosigkeit, Wohnungsnot, Mangel an ziemlich allem und vielfach noch Hunger und Elend. Der so genannte Morgenthauplan geisterte durchs Land, nach dem den Deutschen jedwede industrielle Tätigkeit versagt werden sollte.

Trotz fundamentaler Unterschiede von 1945 und den Jahren, in denen wir leben, besteht in *einem* Punkt aber ein Gemeinsames: Von der Industrie konnte man damals nicht leben, es gab sie nahezu nicht mehr. Millionen Heimatloser strebten deshalb damals auf die Bauernhöfe, wo sie wenigstens überleben konnten.

Heute können zunehmend viele Menschen von der Industrie auch nicht mehr leben. *Aber zum Unterschied von damals ist diesen Arbeitslosen der Weg auf die Bauernhöfe nahezu total abgeschnitten.* Wir haben fast nur noch voll mechanisierte Betriebe, es gibt keine Heu- und Getreideernte im alten Stil mehr. Auf Ein-Mann-Höfen ist kein Platz für Landarbeiter. Außerdem können Helfer, wenn nicht gerade Sonderkulturen angebaut werden, nach dem Tariflohn gar nicht bezahlt werden. Zum dritten wäre das Überwechseln von Industriearbeitern oder gar von Angehörigen so genannter gehobener Schichten in deren Augen ein gesellschaftlicher Abstieg.

Diese drei Hemmnisse machen ein Zurück aufs Land im Stil vergangener Zeiten nahezu unmöglich. Dennoch aber ist eine Rückführung großer Teile der Bevölkerung zu ländlicher Tätigkeit in irgendeiner Form auf längere Sicht die einzige Möglichkeit für Millionen, ein auskömmliches und gesichertes Leben zu führen.

Die Aussichtslosigkeit mit der Beschäftigungssituation in der bisherigen Art auf die Dauer fertig werden, ergibt sich allein schon aus den bereits heute bestehenden Schwierigkeiten, mit denen unser Sozial-, Fürsorge- und Wohlfahrtsstaat zu tun hat. Löcher in den Haushalten allein mit Schuldenmachen und kleinen Einsparungen auf den verschiedensten Gebieten, wie es unsere Politiker vorsehen, zu stopfen, lösen das immer brennender werdende Arbeitslosenproblem nur in einem geringen Maße. Der Kleinsthofplan, dem sein Initiator den Untertitel »Gedanken zum Volksneubau« gab, war als Nebenerwerbssiedlung gedacht. Als Größe waren anderthalb Hektar = 15.000 Quadratmeter vorgesehen. Nicht mehr und nicht weniger. Jebens ging dabei offenbar von der Einsicht aus, dass eine größere Fläche eine zu starke Arbeitsbelastung des Nebenerwerbslandwirtes zur Folge hätte. Kleiner sollte die Stelle aber auch nicht sein. Ein mehr oder weniger großer Garten kann zwar zur Ernährung einer Familie beitragen, stellt aber doch nur eine unzureichende Hilfe dar.

Sehen wir uns einmal an, wie sich der Verfasser den Nutzungsplan vorstellte: Auf der angegebenen Fläche von anderthalb Hektar sollten zwei Kühe, drei Schweine und zwölf Hühner gehalten werden. Ein Hektar diente als Grünland für Weidenutzung und zur Heuwerbung. Siedlungen ohne Kuh, d.h. ohne Dung und damit ohne Wachstumskraft oder mit Pferd, das die Rentabilität auffrisst, halten sich nicht. *Der Zweikuh-Kleinsthof ist damit die höchstrentable landwirtschaftliche Betriebsform und als Weidehof am einfachsten nebenerwerblich zu bewirtschaften.* Im Winterhalbjahr hatte eine Person der Kleinsthoffamilie morgens und abends je nur eine Stunde in der Wirtschaft zu tun. Im Sommerhalbjahr wurde dagegen für eine ordentliche Bewirtschaftung durchschnittlich der halbe Tag beansprucht.

Die Nutzung des Kleinsthofes hatte auf Grund jahrelanger praktischer Erprobung etwa wie folgt zu geschehen.

Die einen Hektar große Weide: Der erste Grasschnitt diente der Heuwerbung auf Reutern und erfolgte infolge der guten Düngung bereits Anfang Juni. Durchschnittsertrag: 120 Zentner eiweißreiches Heu. Nach dem ersten Schnitt wurde die halbe Weide zum Tüdern (Anketten*) der beiden Kühe benötigt. Durch diese Art der Beweidung wurden erfahrungsgemäß 25 Prozent Bodenfläche eingespart. Die zweite Weidehälfte wurde Anfang August zum zweiten Mal gemäht. Etwa 30 Zentner junges Heu als Ertrag. Zusammen also 150 Zentner Heu, die als Rauhfutter für zwei Kühe vollstens ausreichen. Etwa ein Drittel der Weide wurde im Oktober zum dritten Mal gemäht, und zwar für das Gärfuttersilo. Ertrag: sechs bis acht Kubikmeter Gärfutter für die Milchkühe.

Der einen halben Hektar große Acker: Aus Gründen des Fruchtwechsels musste eine Unterteilung in fünf gleich große Flächen von je 1.000 Quadratmeter erfolgen.

1. 1.000 Quadratmeter Frühkartoffeln (40 Zentner), als Nachfrucht Markstammkohl (60 Zentner) für die Kühe.

2. 1.000 Quadratmeter Gehaltsrüben (90 Zentner); das Rübenblatt mit in den Gärfuttersilo (zwei Kubikmeter); beides für die Kühe.

3. 1.000 Quadratmeter Mais (12 Zentner Körner); das Maisstroh gehäckselt als Streu oder als Silofutter.

4. 1.000 Quadratmeter Futterkartoffeln (60 Zentner) für die Schweine; das Kartoffelkraut als Einstreu für die Dungbereitung.

5. 1.000 Quadratmeter Gemüse aller Art, als Zweitfrucht (falls kein Gemüseabsatz an interessierte Verbraucher) ein schnellwüchsiges Grünfutter für die Kühe.

Bei einer solchen Futtermenge und -güte ließen sich gut zwei Kühe mit einer Jahresleistung von 3.600 Litern halten (heute wesentlich mehr, Anm. d. Verf.). Das sind durchschnittlich 20 Liter pro Tag. Hiervon standen 15 Liter Magermilch täglich neben den 60 Zentnern Futterkartoffeln und dem Tranksilofutter für die Schweine zur Verfügung. In das Tranksilo kamen die Küchenabfälle des ganzen Jahres einschließlich der Kartoffelschalen, Kohlblätter usw. Mit dieser Futtermenge ließen sich gut drei Schweine auf je drei bis vier Zentner mästen. Für die zwölf Hühner stan-

---

* Unter heutigen Gesichtspunkten der artgerechten Tierhaltung sollte davon abgesehen werden, Anm. d. Bearbeiters.

den einige Zentner Mais, Kartoffeln, Grünfutter und Dickmilch zur Verfügung, womit eine hohe Legeleistung gewährleistet war. Den Obstbau hat man am besten auf dem Kleinsthof um das Haus (parkmäßig) und als Ringpflanzung um den Acker vollzogen, um die Bodenbearbeitung möglichst wenig zu behindern.

Heinrich Jebens hatte nun, wie der Untertitel der Schrift andeutet, einen vollkommen neuen Volksaufbau dabei im Auge. Das Ziel: Etwa im Laufe des kommenden halben Jahrzehntes fünf Millionen Kleinsthöfe zu errichten. Diese gewaltige Zahl hätte natürlich nur mit Hilfe des Gesetzgebers, d.h. mit voller Initiative staatlicher Stellen durchgeführt werden können. Er wandte sich daher an die drei Militärregierungen der damaligen Westzonen, deutsche Verwaltungsorgane, wie auch an Vertreter der Wirtschaft. Der Schreiber dieser Zeilen hat ihn 1946 bei einer von ihm und seinen Anhängern an der landwirtschaftlichen Universität Hohenheim bei Stuttgart organisierten Vortrags- und Diskussionsveranstaltung erlebt. Für diesen Volksneubau wäre etwa die Hälfte der landwirtschaftlichen Anbaufläche der damaligen Westzonen (der alten Bundesrepublik) erforderlich gewesen. Seine Argumente für die Realisierung des Planes waren überzeugend und sind es heute noch.

Hätte man damals in großzügiger Art damit begonnen, d.h. hätte zunächst die erste Million Kleinsthöfe gebaut werden können, wären bereits nach kurzer Zeit sicher die Auswirkungen der Investition öffentlicher Gelder in so ein produktives Unternehmen zu spüren gewesen. Es wären belebende Wirkungen auf die damals darniederliegende Wirtschaft, auf die Arbeitsmoral, die Behebung der damaligen Wohnungs- und Nahrungsnot usw. ausgegangen. Der Industrieaufschwung setzte eigentlich erst Anfang der fünfziger Jahre ein. Noch 1952 hatten wir ja mehr Arbeitslose als heute (ohne Gastarbeiter), und man kann sich gar nicht vorstellen, welch gewaltige Impulse in den ersten sieben bis acht Nachkriegsjahren davon ausgegangen wären, wenn die brachliegende Arbeitskraft von Millionen Menschen beim Aufbau der Wohn- und Wirtschaftsgebäude und beim Anbau der damals so dringend gebrauchten Nahrungsmittel eingesetzt worden wäre.

In seiner Schrift wird Heinrich Jebens nicht müde, das Problem von allen Seiten immer wieder zu beleuchten. Es sei hier einiges davon angeführt:

In erster Linie hebt er die Überlegenheit kleiner Betriebe bei der Erzeugung von so genannten Veredlungsprodukten (Milch, Fleisch, Eier, Gemüse) gegenüber größeren Betrieben hervor. Wir finden dies heute besonders eindeutig in den ehemaligen Ostblockländern bestätigt. Oft die volle Hälfte, vielfach noch darüber, wird z.B. in der ehemaligen UDSSR auf dem halben Hektar erzeugt, den man dort den Kolchosbauern zur Privatnutzung überlässt. Deshalb ist in letzter Zeit, aller marxistischen Doktrin zum Trotz, eine wachsende Bereitschaft der Regierungen der ehemaligen Ostblockländer zur Überlassung von mehr Land in Privatbearbeitung festzustellen. Die Überlegenheit von intensiv genutztem gegenüber großflächig bewirtschaftetem Land lässt sich überall dort studieren, wo genug Hände zur Verfügung sind, wie z.B. in China, wo pro Einwohner bedeutend weniger anbaufähiges Land zur Verfügung steht als in dicht bevölkerten Gebieten Mitteleuropas.

In den ersten Nachkriegsjahren kam es in erster Linie darauf an, den Hunger breiter Volksschichten zu stillen. Das war natürlich auch vordergründiges Ziel des Kleinsthofplans. Heinrich Jebens dachte aber weit darüber hinaus. Unter »Volksneubau« verstand er die Schaffung stabiler Verhältnisse in dem Sinne, dass eine möglichst große Anzahl Menschen Nutznießer an einem bescheidenen Stück Land werden. Er schreibt dazu u.a.: »Verbinden wir daher Bauer und Arbeiter zum nebenberuflichen krisenfesten ›Menschentyp‹, wie wir ihn nötig haben, um mit dem Atomzeitalter fertig zu werden.«

Es wurde bereits erwähnt, dass für die Schaffung von fünf Millionen Kleinsthöfen etwa die Hälfte des anbaufähigen Landes nötig gewesen wäre. Heinrich Jebens schreibt dazu: »Der Kleinsthofplan hat zum Ziel, die erzeugungsstarken Betriebe unangetastet zu lassen und nur die nicht mehr existenzfähigen, schwachen Betriebe der alten, kranken, rückständigen und lustlosen Bauern mit deren Einverständnis in intensivst bewirtschaftete Kleinsthöfe zu verwandeln.«

Über die Rolle stillgelegter Bauernhöfe meint er: »Der nicht mehr existenzfähige Bauer, der seinen Hof in Kleinsthöfe verwandelt, wird selbst nicht entwurzelt, er behält für sich einen Resthof, erledigt für die Kleinsthöfe um ihn herum die Gespanndienste, erhält die Zinsen aus dem abgetrennten Land und die Mieten aus den überflüssig gewordenen Gebäuden, sodass seine Einnahmen insgesamt höher sind als zuvor. Der Bauer bekommt so eine zwar veränderte, aber krisenfeste Existenz…«

Es ware reizvoll, die Gedankengänge des Verfassers der Broschüre noch weiter darzustellen, aber der Leser wird sich aus dem Bisherigen bereits ein Bild von der Gesamtidee machen können.

Die Gartensiedlung von Heinrich Frantzen

Bei dem geschilderten Kleinsthofplan von Heinrich Jebens spielt die Tierhaltung eine große Rolle. Vor allem die Kuh hat hier eine wichtige Funktion. Nun ist aber Viehwirtschaft nicht jedermanns Sache, sie ist vielleicht auch im Jebenschen Sinne nicht überall durchzuführen. So soll im Folgenden anhand der Schilderung einer Gartensiedlung, die im Kölner Raum 1937 angelegt wurde und keine Tierhaltung aufwies, auch diese Möglichkeit in Betracht gezogen werden.

Heinrich Frantzen berichtete im Jahre 1949, nach zwölfjährigem Bestehen seines Unternehmens, u.a. folgendes: Von den fünf preußischen Morgen (2500 Quadratmeter) wurde einer für das Haus, den Brunnen mit Kraftanlage, zwei Abwasserbecken und einen kleinen Hofraum verbraucht. So standen als Kulturfläche vier Morgen = ein Hektar zur Verfügung.

Großen Wert legte Heinrich Frantzen auf den Obstbau. Er pflanzte alle Arten und viele Sorten sowie auch alle Beerenarten. Gedüngt wurde das Obst mit pflanzlichen Komposten, die samt dem daraufgepumpten Inhalt der Abwasserbehälter so lange rotteten, bis sie eine waldhumusartige Beschaffenheit angenommen hatten. Die Feldkulturen bekamen keinen Dünger, sondern wurden mit Stickstoff sammelnden Pflanzen angebaut (Lupinen, Wicken, Erbsen, Ackerbohnen und anderen Leguminosen). Zuweilen säte er auch weißen Senf, Phacelia, Sonnenblumen oder auch ein Gemenge aus verschiedenen Gründüngungspflanzen ein. Steinmehl wurde ebenfalls in die Komposte eingestreut und auf die Feldparzellen ausgebracht. Das gesamte Grundstück umgab er mit einem durch den Aushub der Kellerräume gewonnenen Material in Gestalt eines Erdwalles, auf den er Haselnüsse als Windschutz und willkommene Fettquelle pflanzte. In späteren Berichten schilderte Heinrich Frantzen dann seine Erfolge mit dem Anbau von Mohn und besonders Leinsamen sowie die Pflanzung von Walnussbäumen. Der Fettbedarf der Familie konnte damit überreichlich gedeckt werden. Als Eiweißquelle diente vor allem die Sojabohne.

Wir haben dieses Beispiel einer Kleinsiedlung ohne Tierhaltung herausgegriffen, weil sie sich durch Jahrzehnte hindurch, ebenso wie viele ähnliche Unternehmungen, bestens bewährt hat. Nun sind bei Betrachtungen in Bezug auf viehstarke bzw. viehschwache oder viehlose Siedlungsformen außer persönlichen Wünschen oder Bedürfnissen auch Überlegungen in Bezug auf die gegenwärtige und besonders zukünftige Welternährungssituation angebracht. Die Bewohner armer Länder werden es früher oder später nicht mehr hinnehmen, wenn man ihnen nicht

einmal ermöglicht, genügend Grundnahrungsmittel anzubauen und statt dessen Futtermittel für die reichen Länder produzieren lässt. Deshalb seien hier einige Hinweise auf den Nahrungseffekt pflanzlicher und tierischer Erzeugnisse gestattet.
Die auf dem Jebenshof vorhandenen Haustiere verbrauchen an Kalorien:

	tägl. Kalorien	jährl. Kalorien	Gesamt
je Kuh	23000	8395000	92345000
je Kalb	5420	1997000	21967000
je Großschwein	8400	3054000	6108000
je Ferkel	3000	(ca.) 1000000	20000000
je Huhn	210	73000	7300000
Gesamtverbrauch Kal.			147720000

Die Tiere auf dem Jebenshof verbrauchen also *147 Jahresnahrungen.* Das ist die Nahrung für *147 Menschen.* Es werden jedoch in Form von Fleisch und anderen tierischen Erzeugnissen *nur 36 Jahresnahrungen,* d.h. eine Nahrungsmenge für 36 Menschen, produziert. Das Tier verbraucht im eigenen Energieverschleiß *vier Fünftel der Nahrung für die eigene Lebensunterhaltung,* und deshalb verbleibt für die menschliche Ernährung nur *ein Fünftel* in Form von Milch, Eiern und Fleisch. (Heinrich Jebens hielt in den Jahren nach dem Zweiten Weltkrieg auf acht Hektar elf Kühe, wozu elf Kälber gehörten, zwei Zuchtsauen mit 20 bis 40 Ferkeln und etwa 100 Hühner.) Vergleichsweiser Kalorienverbrauch eines erwachsenen Menschen: Täglich 3000 Kalorien, jährlich etwa eine Million Kalorien = eine Jahresnahrung.

Der Durchschnitt bei der Erzeugung von Jahresnahrungen lag Mitte unseres Jahrhunderts für Vegetabilien pro Hektar um sieben bis acht, bei tierischen Produkten um 0,75 bis 1. Heute, bei gestiegenen Hektarerträgen, haben sich diese Zahlen noch weiter zugunsten der Vegetabilien verschoben.

Ein weiterer möglicher Einwand gegen die Errichtung von viehstarken Kleinsthöfen ist der hohe Kapitalaufwand bei ihrer Errichtung (außer dem Wohnhaus Stall für zwei Kühe, drei Schweine und vielleicht noch für Ferkel, Hühnerstall, Wirtschaftsräume für Futterboden, Futterküche, Geräte, Futtersilos, Düngerstätte und Jauchegrube).

Ein Kritiker des Jebens-Plans äußerte sich 1950 zu diesem Thema wie folgt:»Frantzen entwickelte seine Siedlungsform von der *Ernährungsfrage* her, die zweifellos richtig gestellt ist, soweit wir den Vegetarismus als solchen anerkennen wollen. Frantzen zeigt ganz deutlich folgendes:

a) Man kann absolut ohne Vieh und Tierdünger wirtschaften und ausreichende Erträge erzielen.
b) Man kann sich ausreichend nur von Vegetabilien ernähren. Wichtig ist diese Feststellung deshalb, weil damit bewiesen ist, dass die Jebenssche Lösung keinerlei Anspruch auf Alleingültigkeit hat mit Bezug auf die Möglichkeit gesteigerter Fruchtbarkeit. Dies lässt sich auch anders erreichen, und das ernährungsmäßig wirtschaftlicher, im Arbeitsaufwand sparsamer, kapitalmäßig leichter durchführbar. Zwischen der Form der tierlosen Wirtschaft mit ausschließlich vegetarischer Nahrung und der viehübersetzten Wirtschaft mit überhöhter animalischer Ernährung sind alle Variationen möglich.«

Zur Frage, ob Gründüngung vollkommen den Stalldünger ersetzt, folgendes: In Bezug auf den Nutzeffekt wird es ziemlich auf eines herauskommen, ob man die zur Gründüngung angebauten Pflanzen einarbeitet oder ob sie auf dem Umweg über den Tiermagen dem Boden zugute kommen. Bei Letzterem hat man außer der Düngewirkung dann noch den Nutzen durch die Gewinnung tierischer Erzeugnisse in Form von Milch und Fleisch, eventuell noch durch Zugkraft.

Das wird aber einen Vegetarier oder den, der mit Tieren nichts zu tun haben will, nicht rühren. Aber eine weitere, nicht zu unterschätzende Bedeutung in Bezug auf den Wert des Rinderdüngers ist die Erfahrung, dass er eine vielfach nachgewiesene heilende Wirkung auf unsere ja heute so stark gefährdeten Kulturpflanzen hat.

Gärtner heben besonders diesen Aspekt in ihren Betriebsberichten immer wieder hervor. Seit einige von ihnen eine eigene Tierhaltung aufgebaut haben oder sich Rinderdünger beschaffen, sind die Pflanzenkrankheiten in ihren Betrieben stark zurückgegangen. Sie brauchen kaum mehr Direktmittel zu ihrer »Bekämpfung« anzuwenden. Dem stehen aber wiederum hier nicht zu verschweigende Stimmen entgegen, die auf den Regenwurm als die »Kuh im Acker« hinweisen. Wer schon erlebt hat, in wie starkem Maße er sich beispielsweise bei der Bodenabdeckung oder in Tresterkomposten vermehren kann, und seine Bedeutung richtig einschätzt, wird diese Hinweise wohl beachten.

Ein Morgen Land für eine Familie

Nach dem »Club of Rome« beträgt die durchschnittliche landwirtschaftliche Nutzfläche der Welt pro Kopf der Weltbevölkerung 4.000 Quadratmeter. In den USA kommen 9.000, in der Schweiz 2.000 Quadratmeter auf jeden Einwohner. Das sind 100 mal 20 Meter. Nach dem »Club of Rome« genügt diese Fläche nutzbaren Bodens gerade, um eine Person zu ernähren, wohlverstanden mit der modernsten, durch Züchtung, chemische Düngung, »Schädlings«-, Krankheits- und Wildkrautbekämpfungs-Maschinerie und einen enormen Energieaufwand in die Höhe getriebenen Produktionsweise. Diegleiche bescheidene Fläche genügte aber in zehnjährigem Durchschnitt erprobten Selbstversorgeranbau, um nicht nur eine Person, sondern eine ganze Familie von sechs Personen reichlich und gesund zu ernähren, wobei die Familie insgesamt im Tagesdurchschnitt weniger als fünf Viertelstunden (Hausvater 32 Minuten, davon 13 Minuten schwere Arbeit, neben anstregendem Beruf; die Mutter 23 Minuten neben Hausarbeit und das älteste Kind 16 Minuten neben der Schule) und keinerlei Energie für Gartengeräte, Dünger-, Schädlings- und Krankheitsabwehr, außer jener von Körper und Geist, aufwenden musste. Auf diese Weise produzierte sie auf dem fünftel Hektar, von dem noch zwei Fünftel als Grasfläche für zwei Milchschafe abgezweigt waren, im langjährig erprobten Jahresdurchschnitt nahezu fünf Millionen Kilokalorien (4.877.820 Kilokalorien) in Gestalt von 1.451 Kilogramm Gemüse (pro Tag knapp vier Kilogramm), 390 Kilogramm Obst (Tag: 1,07 Kilogramm), 600 Kilogramm Kartoffeln (Tag: 1,64 Kilogramm), 23 Kilogramm Eier (Tag: 1,1 Ei), 39 Kilogramm Sojabohnen, 500 Kilogramm Schafmilch und 15 Kilogramm Mohnöl (zusammen täglich = 3,84 Kilogramm »Kuhvollmilch«) und 75 Kilogramm Essmais (Tag: 200 Gramm). Die Schafmilch ist roh getrunken bedeutend gehaltreicher als Kuhmilch. Dies alles auf 100 mal 20 Meter ohne Motorgerät (aus einem vergriffenen Buch von *Dr. Feist*).

Dass diese Ertragsleistungen in einem Garten keine Ausnahmen sind, wird immer wieder von Selbstversorgergärtnern bewiesen.

Vorschlag an die Länder und Kommunen

Dass Millionen Menschen jeden Alters und jeden Berufes mit Sehnsucht nach einem eigenen Garten streben, ist durch Umfragen immer wieder bestätigt worden. Es ist unverständlich, dass man sich von Staats wegen, in den Ländern und Kommunen angesichts dessen und bei der überall wachsenden »Sozialbrache«, wie man liegen gelassenes Land so schön nennt, noch herzlich wenig Gedanken gemacht hat, ob nicht von hier aus die Sicherung und Gesundung unserer Gesellschaft angegangen werden könnte.

Ein Vorschlag dazu: Wie wäre es, wenn derjenige, der – vielleicht arbeitslos – durch zinslose oder verbilligte langfristige Kredite die Möglichkeit erhielte, ein Haus mit großem Garten, wo er auch Kleintiere halten kann, zu erwerben? Sicher wird das nicht ganz leicht überall, schon wegen mancher Entfernungen vom Arbeitsplatz, möglich sein. Aber es gibt auf der anderen Seite ganz gewiss in jedem Lande brach liegendes oder leicht zu erwerbendes Land, auf alle Fälle aber Pachtland, wo Anfänge gemacht werden können. Solche Beispiele, wenn sie gut durchdacht angegangen werden, könnten Schule machen. Jedenfalls wäre es in vielen Fällen möglich, bodenständige Existenzen zu schaffen. Hierzu eine durchaus realistische »Milchmädchenrechnung«: Wäre es so ganz undenkbar, dass alle vorhin genannten Institutionen einen Zielplan herausstellten, nach dem beschlossen wird, dass in einer Reihe von wenigen Jahren 100.000 neue Siedlerstellen geschaffen werden? Angenommener Preis je Stelle 300.000,00 DM, einschließlich Hausbau und Landerwerb. Dazu wäre ein Betrag von 30 Milliarden DM erforderlich. Auf 10 Jahre verteilt wären pro Jahr ganze drei Milliarden DM erforderlich. Angesichts der – oft unproduktiven – Riesenausgaben der öffentlichen Körperschaften ist so ein Betrag geradezu lächerlich gering. Aber was könnte so eine Zielsetzung für Ausstrahlungen haben? Neue Hoffnungen, neuer Lebensmut würden in vielen Familien einkehren, statt Resignation würden unzählige ältere und besonders junge Menschen selbst mit Hand anlegen, sodass durch Eigenarbeit und sicher auch durch eigene finanzielle Leistungen in vielen Fällen die Bereitstellung öffentlicher Mittel noch reduziert werden könnte.

Eigenversorgung mit Getreide: Intensivanbau auf kleinster Fläche

Diese Schrift hat es sich zur Aufgabe gemacht, allen denen, die in irgend einer Form mit dem Lande verbunden sind oder sich mit ihm verbinden wollen, die Rahmenbedingungen dazu aufzuzeichnen. (Alles im Hinblick auf Landbau als Nebenerwerb.) Dazu sollte der Überblick über mögliche Formen, Größe, Intensität usw. der einzelnen Stellen dienen. Es bleibt dem Leser überlassen, die seinen jeweiligen Bedürfnissen, Vorstellungen und Möglichkeiten angemessene Größe des Objektes, seine Bewirtschaftung, mit oder ohne Tierhaltung usw. anzustreben. Auf Einzelheiten kann hier nicht eingegangen werden, dazu dient die reichlich vorhandene Literatur.

Nun sind aber von Lesern der ersten Auflagen dieser Schrift zahlreiche Fragen zu einem Thema eingegangen, das in der verfügbaren bzw. nicht vergriffenen Literatur gegenwärtig nicht oder nur sehr dürftig behandelt wird. Es wurde darauf nur mit einigen knappen Worten hingewiesen. Es betrifft die so genannte *Getreide-Umpflanzmethode.* Dort wurde erwähnt, dass ein Württembergisches Ehepaar im letzten Krieg und in den ersten Jahren danach, wo noch Lebensmittelknappheit herrschte, auf 290 Quadratmetern Gartenland über 300 Kilogramm Brotgetreide mit Hilfe dieser Methode ernten konnte. Die Frau ist allerdings gelernte Gärtnerin und beherrscht das Pikieren (Vereinzeln von Jungpflanzen). Das war eine willkommene Zugabe zu den Lebensmittelkarten. Es wurden angebaut: Winterroggen, Winterweizen, Gerste und Hafer! Also sowohl Winter-, als auch Sommergetreide. Die besten Erträge erbrachte der Roggen (weit über 100 Kilogramm pro 100 Quadratmeter.)

In einer 1928 erschienenen, leider vergriffenen 28 Seiten umfassenden Broschüre aus der Feder von Ökonomieinspektor *Hans Egon Döblin:* »Einführung in die Getreide-Umpflanztechnik« ist ein eigener Versuch des Verfassers angeführt, den er 1925/26 auf mehreren Parzellen zu je 20 Quadratmeter durchführte. Der Versuchsfeldboden war Brachland und wurde mit Pferdemist gedüngt. Auspflanzung in Abständen von 30 Zentimetern im Quadrat. Im Frühjahr wurde zweimal stark behäufelt. Aus jeder Pflanze entwickelten sich durchschnittlich 40 voll ausgereifte Halme. In jeder Ähre waren im Schnitt 100 Körner und das einzelne Korn, ebenso wie die Ähren, war doppelt so groß wie normal. Auf der einzelnen Versuchsparzelle (20 Quadratmeter) wurden durchschnittlich fast 30 Kilogramm Roggen geerntet. Auf den Hektar berechnet waren dies fast 150 Doppelzentner. Sicher trug, wie der Verfasser bemerkt, der ausgeruhte Boden und die Mistdüngung viel zu diesem Rekordertrag bei. Aber dass so etwas überhaupt möglich ist, bedeutet jedenfalls eine Sensation angesichts der damaligen Hektarerträge, die bei Roggen unter 30 Doppelzentner lagen.

Bemerkenswert bei der Ackerbeetkultur des Getreides ist die von Versuchsanstellern immer wieder festgestellte Tatsache, dass trotz der hohen Erträge keine Lagerung auftritt, die ja bekanntlich die Ausreifung der Körner behindert. Zu einer vermehrten Standfestigkeit trägt zweifellos auch das Behäufeln viel bei. Die erhöhte Standfestigkeit hat ihre Ursache in der beobachteten Festigkeit und Verstärkung der Halme. Ein Versuchsansteller berichtet beispielsweise, dass man in viele Halme sogar einen

Bleistift gewöhnlicher Dicke stecken konnte.

Döblin gibt in der genannten Arbeit noch einige Zahlen über Erntemengen bei einigen anderen Versuchen an, die wie folgt lauten: Auf Versuchsparzellen von 100 Quadratmetern wurde, umgerechnet pro Hektar, geerntet (Anbauversuche 1926/27):

Winterroggen (eigenes Saatgut)	10 Doppelzentner
›Svalöfas Panzer Winterweizen‹	86 Doppelzentner
›Crievener 104 Winterweizen‹	110 Doppelzentner
›Ackermanns Viktoria Wintergerste‹	90 Doppelzentner

Diese Ergebnisse entsprachen damals der vier- bis fünffach üblichen Erntemenge. Im Hinblick auf die heutigen Zahlen wäre es immerhin noch ein Mehrfaches.

Wie wird es gemacht?

Das Getreide wird einige Wochen vor der üblichen Aussaatzeit der jeweiligen Gegend zunächst in Zuchtkästen oder Beete ausgesät. Wenn die junge Pflanze dann die Höhe von 20 Zentimetern erreicht hat, wird sie so umgepflanzt, dass der erste, oberirdische Stengelknoten noch unter die Erde kommt. Aus diesem Stengelknoten wächst dann ein weiterer Wurzelkranz hervor. Über dem ersten Bestockungsknoten bildet sich also ein zweiter. Man hat bei umgepflanztem Getreide 40 bis 50 voll ausgereifte Halme und darüber zählen können. (Gegenüber vier bis fünf Halmen bei Drillsaat.) Etwa drei bis vier Wochen nach der Aussaat haben die Getreidepflänzchen die drei Blättchen am ersten oberirdischen Stengelglied ausgebildet und werden neun bis elf Zentimeter tief eingepflanzt. Sie stehen dann drei bis vier Zentimeter tiefer in der Erde als vorher im Saatkasten.

Döblin rät, den Stockraum in der Praxis nicht zu groß zu wählen. Etwa 100 bis 225 Quadratzentimeter, das einer Pflanzenentfernung von 10 bis 15 Zentimetern entspricht. Eine weitere Entfernung von 20 bis 30 Zentimetern ist nur in Ausnahmefallen anzuraten. (Mildes Klima, starke Düngung, Bewässerungsmöglichkeit und Lagen mit viel Mutterboden). Zu beachten ist, dass sich nicht alle Getreidearten und -sorten gleichmäßig stark bestocken. Bei 10 bis 15 Zentimeter Pflanzenentfernung ist die Zahl der Stocktriebe im Durchschnitt 15.

Wichtig ist, wie schon erwähnt, das Behäufeln. Es sorgt auch für Wildkrautfreiheit. Der Zeitpunkt richtet sich nach dem Tempo der Bestockung. Erfolgt diese rasch, kann – auch bei Wintergetreide – bereits etwa vier Wochen nach der Umpflanzung begonnen werden. Entwickelt sich die Bestockung, etwa bei später Umpflanzung im Herbst oder bei ungünstiger Witterung, nur zögernd, erfolgt die erste Behäufelung dann im Frühjahr. Die Pflanzen dürfen nur leicht – etwa fünf bis sieben Zentimeter – an der Stengelbasis angehäufelt werden und zwar so, dass die zarten Blätter der jungen Pflanzen nicht vernichtet oder verschüttet werden. Eine zweite Behäufelung darf unter keinen Umständen noch einen weiteren Halmknoten unter die Erde bringen. Dies würde zu einer erneuten Bestockung und damit zu ungleicher Reife der Ähren führen. Eine weitere Bearbeitung dient allenfalls der Freihaltung von Wildkraut und der Wasserhaltekraft des Bodens. In den meisten Fallen wird daher eher ein Hacken dienlicher sein als ein zweites Behäufeln.

Die Mehrerträge beim Umpflanzen beruhen auch zum Teil darauf, dass die Pflanzen eine längere Wachtumszeit haben. Dies wird ja dadurch gewährleistet, dass zu der Zeit, in der man sonst drillt, schon ausgepflanzt wird. Es ist eine alte landwirtschaftliche Erfahrung, dass Frühsaaten, gleich ob es sich um Winter- oder Sommergetreide handelt, höhere Erträge gegenüber den Spätsaaten haben.

Auswahl und Herrichtung des Saatbeetes bzw. des Saatkastens

Für das Saatbeet sollte man ein in guter Kultur befindliches Stück Land auswählen. Am besten eignen sich dazu nicht zu schwere, in gutem Humusstand stehende Böden, weil sich hier die Pflanzen gut herausnehmen lassen. Nur leichte, nicht schwere (Ton-) Böden sind hierzu geeignet. Stehen sie nicht zur Verfügung, sollte durch Sand und Kompost die Struktur verbessert werden. Bei Trockenheit muss bewässert werden, damit ein zügiges Wachstum gewährleistet ist. Dies alles sollte keine Schwierigkeiten machen, da es sich, selbst wenn auf größere Flächen ausgepflanzt wird, immer um relativ kleine Aussaatparzellen handelt.

Mit der Herrichtung des Saatbeetes sollte sehr früh begonnen werden, damit zur Zeit der Aussaat der Boden möglichst abgelagert und »gar« ist. Es muss gut mit Nährstoffen versorgt sein. Als Saatgut verwende man Originalgetreide oder den ersten Nachbau von Sorten, die in der betreffenden Gegend angebaut werden. Die Aussaat ist als dünne Drillsaat oder Reihensaat mit der Hand in etwa 15 Zentimeter Reihenentfernung vorzunehmen. Eine nicht zu tiefe Saat hat sich (besonders beim Roggen) als günstig erwiesen. Den Boden leicht anwalzen oder andrücken und nach der Saat eggen oder aufrechen. Ganz dünn säen, damit keine Vergeilung, wie sie bei zu dichtem Stand auftreten kann, vorkommt. Drillsaat oder Reihensaat lassen sich auch besser bearbeiten (zwischendurch hacken) als Breitsaat und erleichtern die Herausnahme der jungen Pflanzen.

Der Umpflanzacker

Es eignen sich alle Böden dazu. Die besten Erfolge hat man natürlich auf humosen sandigen Lehmböden in guter Verfassung. Je »gartenmäßiger« der Boden hergerichtet wird, umso vorteilhafter ist dies für die Umpflanzung. In jedem Fall muss der Boden abgelagert und »gar« sein. Die letzte Pflugfurche oder Umspatung sollte mindestens vier Wochen vor der Umpflanzung erfolgt sein, falls überhaupt Umpflügen oder Spatenarbeit notwendig ist. Bei Böden in gutem Kulturzustand genügt tiefere Lockerung. Beim Umpflanzen dürfen die Pflanzen noch keine Bestockung zeigen. Bei größeren Flächen sind die Saatbeete in Zeitabständen anzulegen, damit das jeweils in der gewünschten Größe befindliche Pflanzgut zur Verfügung steht. Die zum Umpflanzen bestimmten kräftigsten Pflanzen sind vorsichtig aus dem Pflanzbeet zu heben, sofort in flache Holzkästen zu stellen und zum Umpflanzacker zu bringen. Es ist darauf zu achten, dass die Pflanzen keiner direkten Sonnenbestrahlung durch längere Zeit ausgesetzt werden.

Hand- oder Maschinenarbeit?

Beim Umpflanzen mit der Hand – ähnlich wie beim Einsetzen pikierter Gemüsepflanzen – kann je nach Geschicklichkeit des Ausführenden mit einer Stundenleistung von 400 bis 500 Pflanzen gerechnet werden. Auf kleineren Flächen wird man also ohne Pflanzmaschinen auskommen. Auf größeren Feldstücken ist deren Verwendung natürlich angebracht. Geeignete Geräte dieser Art, die sich auch für Getreide-Umpflanzung eignen, sind genügend auf dem Markt. Bei stärkerem Aufgreifen dieser Art des Getreidebaues würde eine interessierte Industrie sicher Modelle auf den Markt bringen, die diesem Zweck wahrscheinlich noch besser als die vorhandenen Fabrikate dienen könnten.

Erntemöglichkeiten auf kleinen Flächen

Heute wird bekanntlich feldmäßig angebautes Getreide überall fast ausnahmslos mit dem Mähdrescher geerntet. Daran würde sich auch, falls die Umpflanzungsmethode in der Landwirtschaft Eingang fände, kaum etwas ändern.

Im Kleinanbau wird das Ernteproblem auf verschiedene Art zu lösen sein. Erntegut von wenigen Quadratmetern kann man durch Ausreiben, Sieben und nachfolgendes Durchlaufenlassen durch eine Windfege sauber bekommen.

Für die Ernte auf etwas größeren Parzellen wären die im Getreideversuchsanbau verwendeten kleinen Mähdrescher mit kurzem Schnittbalken geeignet. Damit können auch schmale Parzellen auf den Dezimeter genau abgeerntet werden. Es wäre denkbar, dass sich, falls die Umpflanzungsmethode in einzelnen Gegenden Eingang finden sollte, die jeweiligen Anbauer zusammen so ein Erntegerät anschaffen. In der Nebenerwerbslandwirtschaft vieler Gebiete unseres Landes und auch anderswo, wo Getreide auf kleinen Flächen angebaut wird, würden sich, da ja überall Mähdrescher im Lohnverfahren verwendet werden, ohnehin keine Schwierigkeiten in Bezug auf Erntemöglichkeiten ergeben.

Vorteile für die Fruchtfolge

Da die Erträge hier mindestens doppelt so hoch sind wie beim üblichen Anbau, könnte man es sich leisten, ein Stück Land einmal – beispielsweise bei starker Verkrautung – ein Jahr lang brach liegen zu lassen (siehe die Rekordernte von Egon Döblin auf Brachland). Besser baut man mehrjähriges Kleegras, Luzerne u.a. an, wobei man mit ähnlichen günstigen Wirkungen für die Nachfrucht rechnen kann. Dadurch wird mehr Futter und mehr Dung gewonnen, der dann wieder dem Getreide zugute kommt. Jedenfalls können Boden verbessernde Fruchtfolgen (Leguminosen als Stickstoffsammler) öfter eingeschoben werden, ohne dass damit der Gesamtertrag an Getreide zurückgeht. Es kann also mehr Vieh wie Rinder, Schafe, Ziegen oder Pferde gehalten werden.

Hoher Selbstversorgungsgrad und Unabhängigkeit in Notzeiten

Dies gilt sowohl privat wie gesamtvolkswirtschaftlich. In den letzten Jahren war es trotz des erhöhten Mineraldüngerverbrauchs in den zivilisierten Ländern nicht mehr möglich, die Erntemengen zu steigern. Hier bietet sich diese Möglichkeit an, ohne dass der Boden, wie es ja beim konventionellen Anbau von Verkaufsfrüchten mit treibender Düngung der Fall ist, über Gebühr ausgebeutet wird (eben durch den häufigeren Anbau bodenaufbauender Pflanzen).

Bisherige Initiativen auf dem Gebiet der Ackerbeetkultur

Waren diese Methoden in den ganzen vergangenen Jahrtausenden für die Ostasiaten selbstverständlich, so sind sie leider in den europäischen Ländern an den Fingern abzuzählen. 1911 erschien von den Russen *N.A.* und *B.N. Demtschinsky* die Schrift »Die Ackerbeetkultur«. Die Verfasser waren genaue Kenner der ostasiatischen Verfahren und regten viele Landwirte zu eigenen Versuchen an. Dennoch geriet das Verfahren infolge Interessenlosigkeit der damaligen Landwirtschaftswissenschaft sowie dem allgemeinen Misstrauen Neuem gegenüber wieder in Vergessenheit. Zwar stellte *Eberhard Osthaus* 1923 Pflanzversuche an, über die der bereits mehrfach erwähnte Hans Egon Döblin in der »Deutschen landwirtschaftlichen Presse« 1927, Nr. 30, und *Zander* in »Technik in der Landwirtschaft« berichtete. Auch einige Versuche an anderen Orten, u.a. in Österreich, wurden gemacht, alle in den zwanziger Jahren. Aber die Methode setzte sich nicht durch. In neuerer Zeit berichtete *Siegfried Lange* aus dem sauerländischen Felbecke über die Wuchsleistung seines Roggens in der Gemüse-Getreide-Mischkultur (in GARTEN ORGANISCH, jetzt NATÜRLICH GÄRTNERN, 5/1990).

Auf seinem 2.500 Quadratmeter großen Gartenacker experimentierte er mit den verschiedensten bekannten und von ihm zum Teil selbst entwickelten Fruchtfolgen, Mischkulturmethoden und Mulchmöglichkeiten unter Einbeziehung von Getreide. Bei einem Tausendkorngewicht von 47 bis 50 Gramm und 100 Körnern pro Ähre und 100 Ähren pro Pflanze brachte es Siegfried Lange auf 100 Zentner je Morgen. Das sind hochgerechnet 200 Doppelzentner je Hektar! Sein Versuchsacker erreichte gerade einmal die Bodenzahl 35 und lag etwa 450 Meter über dem Meer. Dort oben werden im Jahresmittel zwischen 1000 und 1200 Millimeter Niederschläge registriert.

Der weltweite Mangel an Getreide drängt immer stärker in das Bewusstsein der Öffentlichkeit. Die Regierungen derjenigen Länder, die Zuschüsse von auswärts brauchen, drängen auf Erhöhung der Erzeugung. In anderen Ländern, beispielsweise in der EU, macht man sich von Staats wegen keine Gedanken auf diesem Gebiet. Deutschland hat immer noch genügend Getreide von auswärts beziehen können. Ja, dies war unserem Industriestaat, der wir ja sind, mit seinen Exportnotwendigkeiten sogar höchst willkommen.

Privatwirtschaftlich gesehen muss der Landwirt aber eine Steigerung der Flächenerträge anstreben. Deshalb baut man zunehmend unter Vernachlässigung altbewährter Fruchtfolgeregeln Getreide auf Getreide. Dazu muss unmäßig gedüngt werden, besonders mit Stickstoff. Da damit die Lagerungsgefahr verbunden ist, wendet man chemische Halmfestigungs- bzw. Halmverkürzungsmittel an. Dies alles und noch viel mehr ruiniert unsere Böden.

Hier wird nun ein anderer Weg sichtbar. Selbst viehschwache Betriebe, die für mehr Futterpflanzen wenig Verwendung haben, ja sogar Betriebe ohne Tierhaltung können die Vorteile der Getreideverpflanzung, eben weil sie sich vermehrte Gründüngung oder gar einmal eingeschobene Brachbehandlung leisten können, nutzen und damit etwas für ihre Bodengesundung und für eine Ertragssicherung auf längere Sicht tun.

Die globale Bedeutung der Getreideumpflanzung

In jedem Land, also gleichgültig ob die Schwerpunkte auf ernährungspo-
litischem, volks- oder privatwirtschaftlichem Gebiet liegen, würde eine
verstärkte Beachtung der Getreide-Umpflanzungsmethode beachtliche
Vorteile bringen. In der Regel handelt es sich, wenn von Mangelsituatio-
nen an Nahrungsmitteln in irgendeinem Gebiet der Erde die Rede ist, um
Mangel an Getreide. Andere Produkte, wie z.b. Gemüse, Obst, Fleisch,
Eier, Zucker usw., spielen in den Erwägungen um Stillung des Welthun-
gers nur eine untergeordnete Rolle. Von einer ausreichenden Versorgung
mit Getreide hängt also bereits heute das Wohl der so genannten Dritten
Welt ab. Es wird dies in naher Zukunft auch für die übrige Welt gelten.

Für Industriewaren ist der Weltmarkt nur begrenzt aufnahmefähig. Bekanntlich machen Überkapazitäten heute jedem Industriestaat zunehmend Sorgen. Für Getreide aber, weil es nur in begrenztem Umfang erzeugt werden kann, wird immer Absatz sein.*

Sollte es uns einmal wirklich schlecht gehen, würde jeder zweifellos
gern auf der Pflanzmaschine sitzen und so zur Getreideerzeugung beitragen. Und er würde noch ganz andere Anstrengungen auf sich nehmen.
Aber von unseren im Industriedenken steckenden Wirtschaftsplanern ist
ein Umdenken kaum zu erwarten. Es geschah ja auch Ende der Zwanzi-
ger- und Anfang der Dreißigerjahre, wo es uns doch wirklich schlecht
ging, nichts, die Menschen aus den still stehenden Fabriken in irgendeiner Form wieder auf das Land zu bringen. Dazu musste erst der Zwang
einsetzen.

Die mangelnde Initiative der damaligen Verantwortlichen ist umso un-
verständlicher, als die Umpflanzungsmethode von Getreide damals welt-
bekannt war. Großes Interesse zeigte der *Erbprinz von Hohenlohe-Öhrin-
gen*, Versuche wurden von *Prof. Dr. Opitz* auf dem Dahlemer Versuchs-
feld der landwirtschaftlichen Hochschule in Berlin angelegt, wobei eine
einreihige Pflanzmaschine (»Fortuna«) verwendet wurde (von dem Russen *Symcha Blas* aufgrund eines Aufsatzes von *Davis Trietsch* in der
»Deutschen landwirtschaftlichen Presse« konstruiert). Nicht nur in dieser,
sondern in vielen Blättern, wie in der »Vossischen Zeitung«, der »Grünen
Post« u.a. erschienen laufend Berichte. Wird es bei uns – im Hinblick auf
größeres Projektieren – zunächst wohl noch beim Wunschdenken bleiben, so sollte sich jeder Entwicklungsplaner hier ernste Gedanken machen. Wie viel mehr Brotfrucht könnte heute in Drittländern mit deren

---

* Wenn es hier mittlerweile zu nationalen Überkapazitäten kommt, so ist das eine Folge der
Marktpolitik, weltweit herrrscht trotzdem Mangel, *Anm. d. Bearbeiters*

zahllosen, brach liegenden Arbeitskräften erzeugt werden, wenn man diese Methode ernsthaft in das Programm der Entwicklungshilfe aufnehmen würde! Dieselben Erträge und mehr könnten auf einem Drittel oder der Hälfte der Fläche, auf der jetzt Getreide steht, erzeugt werden.

Bei großen Flächen macht die in tropischen und subtropischen Ländern oft nötige Bewässerung meist Schwierigkeiten. Für kleinere Parzellen sind eher Möglichkeiten zu finden.

Da weiter das anbaufähige Land in diesen Ländern begrenzt ist, würde eine Verkleinerung der Getreideanbauflächen einen erheblichen Teil des Anbauareals frei machen für Ausfuhrpflanzen (Baumwolle, Ölfrüchte u.a.). Damit würde sich wiederum die Kaufkraft der armen Völker erhöhen.

Landwirt und Gärtner

Max Karl Schwarz forderte, dass sich in der leitenden Person des Gärtnerhofes der Beruf des Landwirtes mit dem des Gärtners vereinigt. Gärtnerhöfe mit viel Gemüse- und Obstanbau, die, wie er schreibt, an die 100 Personen damit versorgen könnten, sind sicher eine ideale Betriebsform. Aber sie werden in sehr großer Zahl nicht errichtet werden können, nicht zuletzt der dabei anfallenden großen Mengen an (teilweise auch leicht verderblichen) Verkaufsfrüchten wegen. Es taucht dabei sofort die Frage der Absatzmöglichkeiten auf.

Dagegen würden Stellen, die hauptsächlich der Selbstversorgung dienen, einer ungleich größeren Menschenzahl eine dauernde, gesicherte Existenz ermöglichen (siehe Kapitel: »Ein Morgen Land für eine Familie«, S. 24). Das ist aber ohne geldliche Einnahmen durch eine nicht landbauliche Tätigkeit nicht möglich. Wir sagen damit nichts Neues. Es gibt heute noch hunderttausende Zu- und Nebenerwerbsbauern, aber ihre Zahl schmilzt, wenn auch zunehmend langsamer, dennoch weiter. Warum?

1. Die Streulage ihres Besitzes und seine Aufteilung in zahlreiche, viel zu kleine Parzellen macht die Bewirtschaftung neben der eigentlichen Berufsarbeit mühevoll und zeitraubend.
2. Die Wohn- und Wirtschaftsgebäude befinden sich meist einge-zwängt in den oft engen Dörfern.
3. Durch die Hindernisse, die den »Kleinen« in Bezug auf ihre Existenz permanent durch unsere Agrarverordnungen in den Weg gelegt wurden. (Nicht nur keine Förderung, sondern Beschneidung ihrer angestammten Rechte auf jede mögliche Weise.) Alles mit dem Ziel der Schaffung großer Einheiten mit 80 Kühen, 2.000 Schweinen, 10.000 Hühnern, was uns jetzt die unsinnige Überproduktion beschert hat,

die den Steuerzahler jährlich mit Milliarden DM belastet. Man muss erlebt haben, wie z.b. einem Kleinbauern der Erwerb einer Ackerparzelle, die er zur Abrundung eines eigenen Landstücks hätte kaufen können, verwehrt wurde und dergleichen auf die Ausmerzung der Kleinlandwirte hinzielenden Maßnahmen mehr. Man muss ferner mit angesehen haben, wie schmerzvoll es für alte Kleinlandwirte war, als der Händler ihre letzte Kuh aus dem Stall holte, weil die Jungen die Arbeit auf der eigenen, kleinen Scholle, die die Familien durch viele Generationen über alle schweren Zeiten hinweggeführt und ernährt hatte, nicht mehr mitmachen wollten.

4. Ein ganz wesentlicher Grund ist ferner die Arbeitsüberlastung der Frauen in kleinen Betrieben. Durch eine Verminderung bzw. Halbierung der Arbeitszeit des Mannes würde die Frau bedeutend entlastet. In Bezug auf Punkt 3 beginnt man endlich ein wenig umzudenken. Es sollen jetzt Förderungsmaßnahmen auch für kleine Einheiten ergriffen werden. Über deren gegenwärtigen Stand informieren die Landwirtschaftsämter der einzelnen Landkreise.

Die gesamtwirtschaftliche und ökologische Bedeutung der Kleinsthöfe

So lautete die Kapitelüberschrift in der ersten Auflage. Was aber für die Form des Jebens'schen Kleinsthofes gilt, gilt auch für die anderen dargestellten Modelle. Beginnen könnte man mit der Arrondierung von Flächen, die noch von Kleinbauern in Gegenden mit Gemengelage, wie wir sie besonders in Südwestdeutschland antreffen, recht und schlecht bewirtschaftet werden. Jetzt, wo man zunehmend erkennt, wohin der Weg mit der ständigen Aufstockung der Betriebe geführt hat, ist nicht einzusehen, warum man nicht, genau wie bei der Aussiedlung der Großen aus den engen Dörfern, denselben Weg auch für die Kleinen beschreiten sollte. Also Wohnungen mit Nahrungssicherung bauen! Hier leidet niemand unter der Last unverkäuflicher Überschüsse, unter Kontingentierungszwang, schlechten Preisen usw. So ein Kleinstlandwirt ist vollkommen autark.

Der eventuelle Einwand, mit solchen Kleinsthöfen Stagnation oder gar Rückgang des allgemeinen Güterumlaufs zu bewirken, sieht an den Tatsachen vorbei. Es würde damit sogar eine Belebung der Wirtschaft einhergehen. Heinrich Jebens, auf dessen Initiative bis zum Jahr 1953 immerhin 169 Kleinsthöfe entstanden, schreibt: »...Württemberg als das klassische Land der zwar überwiegend noch rückständigen Nebenerwerbssiedler hat doch alle Krisen am besten überstanden. Und wer einmal von Kleinsthof zu Kleinsthof schreitet, wird feststellen, wie jeder derselben eine ständige zusätzliche Auftragsquelle für die Industrie wie für Handwerk und Handel ist. Ein Etagenbewohner zehrt von der Wirtschaft, ein Kleinsthöfner mehrt sie«. Angesichts dieser Tatsachen ist also sogar die Sorge derer, für die der möglichst starke Warenumsatz eine heilige Kuh darstellt, grundlos. Nichts stände also im Wege, private Kleinbauernsiedlungen mit allen Mitteln zu fördern.

Man muss sich diese Aussichtsmöglichkeiten in unserer Gegenwart mit ihrer drückenden Arbeitslosigkeit recht deutlich vor Augen führen. Wenn ein Stadtbewohner arbeitslos wird, ist er gezwungen, seinen Lebensbedarf größtmöglich einzuschränken. Er trägt somit zur Verminderung des Güterumlaufs bei. Dies macht sich heute schon teilweise bemerkbar. (Wir erinnern hier nochmals an die Kolchosenbauern in Ländern des ehemaligen Ostblocks, die neben der dort so dringend erwünschten Erzeugung von Veredelungsprodukten auch zur Belebung des Industriewarenkonsums beitragen. Ganz abgesehen natürlich davon, dass ihnen dies dort nur begrenzt möglich ist.)

Stellen wir uns nun einmal das Wunder vor: Unsere verantwortlichen Gesetzgeber in Bund und Ländern würden alles daran setzen, Kleinsthöfe in großer Zahl nach der beschriebenen Art zu schaffen, deren Besitzer nur die Hälfte ihrer Zeit für bezahlte Arbeit zu verwenden brauchten. Einmal würde es kaum noch Beschäftigungslosigkeit geben, denn die vorhandene Arbeit wurde ja auf die doppelte Zahl von Menschen verteilt. Sollte es aber, wenn eine bis ins Letzte entwickelte Technik immer noch mehr menschliche Arbeitskraft überflüssig macht, dennoch fallweise einmal dazu kommen, ist ein Kleinsthofbauer damit ja keinesfalls dem Elend ausgesetzt: Hat er doch Nahrung, Wohnung und sein Arbeitslosengeld, das dann ruhig auch um die Hälfte reduziert sein könnte, wie es ja seiner halbierten Arbeitszeit entsprechen würde. Ein Idealzustand, aber bei genügend Einsicht realisierbar.

Viele in andere Berufe abgewanderte ehemalige Kleinbauern der jüngeren Jahrgänge, die jetzt auf der Straße liegen, würden bei finanzieller Förderung sicher mit Freuden aufs Land zurückzukehren. Sie sind nach wie vor im Besitz der nötigen landwirtschaftlich-gärtnerischen Kenntnisse. Es wäre daher mit ihrer Rücksiedlung keinerlei Risiko in Bezug auf evtuelles Versagen verbunden.

Zu erwähnen ist dabei noch, dass die hier gegebenen Gelder, einmal produktiv angelegt, wenn sie in Form von Billigkrediten, wie bei der Förderung größerer Betriebe, gegeben werden, selbstverständlich ja auch wieder zurückgezahlt werden.

In hervorragender Weise wäre aber für eine Bevölkerungsgruppe, die sich schwer in einer Zeit mit viel Arbeitslosigkeit in die Industriegesellschaft eingliedern lässt, der Kleinsthof äußere und innere Rettung. Es handelt sich um die große Zahl der Volksdeutschen, die nach dem letzten Krieg, besonders aber um die, die in den letzten Jahrzehnten nach Deutschland kamen. Sie haben in den Ostländern fast ausnahmslos in den Kolchosen gearbeitet und daneben ihr kleines Stück Privatland genutzt. Letzteres gilt vor allem für die Rückwanderer aus der ehemaligen Sowjetunion. Alle sind aber an ein einfaches, bedürfnisloses Leben gewöhnt. Das Schlimmste ist nicht einmal, dass sie in der Industrie oft keine Arbeit finden und von der Sozialfürsorge leben müssen. Nein, es kommt oft zu einer seelischen Verzweiflung bei diesen Menschen und die Befragungen ergeben, dass sich manche sogar wieder in ihr Land zurücksehnen. Diese durch Armut geprägten Menschen könnten nahezu ganz von den Erträgen eines Kleinsthofes leben.

Auf alle Fälle fiele es ihnen leichter als dem Großteil derjenigen, die schon einmal vom Wohlstandskuchen gekostet haben. So sagte doch ein alter Bauernführer einmal: »Der Sprung vom Misthaufen herunter ist leichter als hinauf«. Den Rückwanderern aus den Ostländern gegenüber haben wir eine große ethische Verpflichtung. Bei ihnen herrscht auch neben einer ungebrochenen bäuerlichen Grundhaltung Kinderfreudigkeit und Lebensbejahung – Eigenschaften, die unser Wohlstandsstaat abgebaut hat und deren Fehlen ja jetzt unseren Bevölkerungspolitikern Sorgen macht.

Nun noch ein wichtiger Hinweis: Inhaber landwirtschaftlicher Vollerwerbsbetriebe sehen sich von Jahr zu Jahr einem ständig steigenden Leistungsdruck ausgesetzt. Das betrifft sowohl die noch halbwegs rentabel wirtschaftenden Großlandwirte, als auch (in noch stärkerem Maße) diejenigen, die unter ungünstigen Bedingungen arbeiten müssen.

Um den Betrieb über Wasser halten zu können, sehen sich die Inhaber daher genötigt, permanent gegen alle Regeln einer naturgerechten Bodenbewirtschaftung zu verstoßen (Monokulturanbau, unmäßig treibende Düngung, ohne Rücksicht auf das Naturgleichgewicht angewendete Schadensbekämpfung, Ausräuberung der Landschaft durch Beseitigung von Hecken und Feldgehölzen u.a.).

Zwar werden alle Maßnahmen dieser Art auch von offiziellen Stellen als kurzsichtige Praktiken erkannt, da sie das Kapital, das durch eine pflegliche Behandlung der Böden durch Jahrhunderte hindurch geschaffen wurde, in immer rascherem Tempo aufzehren. Aber diese Einsichten haben bisher noch zu keiner spürbaren Änderung der Bodenbebauung geführt. Beweis: Nur knapp ein Prozent der angebauten Fläche der alten Bundesrepublik wird alternativ bewirtschaftet. Und dies trotz der bekannten Tatsache, dass hunderte biologischer und biologisch-dynamischer Betriebe sich oft durch viele Jahrzehnte nicht nur behauptet, sondern auch eine zufriedenstellende Rendite erwirtschaftet haben. Nun kommen einem Nebenerwerbslandwirt zwei Faktoren zu Hilfe, die eine Umstellung auf ein naturnahes Arbeiten plausibel machen:

Da es sich immerhin herumgesprochen hat, dass die ohne fragwürdige Chemikalien gezogene Nahrung einen hohen gesundheitlichen Wert hat, wird man es sicher schon im eigenen Interesse tun.

Zum zweiten steht dieser Landwirt, wie schon erwähnt, unter keinem Leistungsdruck, denn das Bargeld kommt ja zum großen Teil aus seiner Halbtagsbeschäftigung. Er muss also nicht unter allen Umständen auf Gewinn hin arbeiten. So dürften also Informationen über eine ökologisch richtige Bodenbebauung bei Nebenerwerbslandwirten kaum auf taube Ohren stoßen. Das lebhafte Echo bei Selbstversorgergärtnern, die für den eigenen Bedarf anbauen, beweist dies ebenfalls.

Was spricht für die Errichtung von gärtnerisch-landwirtschaftlichen Nebenerwerbsstellen?

In unserer Zeit mit ihren vielfachen Nöten sollte jede Aktion, eigentlich auch alles Geschriebene, darauf ausgerichtet sein, alles zur Rettung bzw. Gesundung beizutragen. Versuchen wir diese Nöte noch einmal kurz im Hinblick auf den vorgebrachten Kleinsthof-Vorschlag zusammenzufassen:

1. Die gefährdete Natur

Im Hinblick auf die ökologischen Probleme ist der Beitrag der Kleinsthofidee vor allem darin zu sehen, dass bei einer erheblichen Verkleinerung des Monokulturanbaues mit seiner den Boden ausbeutenden Fruchtfolge und seiner massiven Pestizidanwendung ein günstiger Einfluss auf dauernde Fruchtbarkeit und Bewahrung des Naturgleichgewichts, besonders was die Artenvielfalt der Tier- und Pflanzenwelt betrifft, verbunden wäre. Oder nehmen wir die heute zur akuten Gefahr gewordene Anreicherung des Grundwassers mit Schadstoffen, vor allem mit Nitraten. Diese entstehen vornehmlich bei Monokulturen mit deren intensiver Düngung.

2. Die Flucht aus der Landwirtschaft

Bei Fortsetzung der Entwicklung auf den Einmannbetrieb muss der Anteil der landwirtschaftlichen Bevölkerung von jetzt knapp über zwei Pro-

zent zwangsläufig noch weiter zurückgehen. Bei Schaffung von Nebenerwerbsstellen setzt die entgegengesetzte Richtung ein.

**3. Die geistig-seelischen Nöte der einzelnen Menschen, besonders
der Jugend**
Durch die Arbeit in der Natur lernt der Mensch wieder echte Lebens-
werte kennen und wird weitgehend bewahrt vor den Ausartungen
un-serer Zivilisation in Form von Missbrauch der Freizeit, Drogen-
sucht u.a.

**4. Überwindung des egoistisch-materialistisch orientierten Wirt-
schafts- und Zusammenlebens**
Bei einer Gruppierung mehrerer Nebenerwerbsstellen kann sich ein auf
echte Brüderlichkeit ausgerichtetes Zusammenwirken entwickeln, das
aber die Freiheit des Einzelnen, da er ja selbstständig arbeitet, nicht ein-
schränkt.

Wie steht es mit einer möglichen Überproduktion?

Diese Frage könnte angesichts der Tatsache, dass überall dort, wo viele
Hände am Boden tätig sind (siehe die bekannte Mehrerzeugung auf dem
Privatland in den ehemaligen Ostblockländern, besonders in der ehemaligen UDSSR), die Erzeugung ansteigt, Anlass zur Furcht vor Überpro-
duktionen geben. Wir dürfen uns hier in keiner Weise durch die heute zur
Last gewordenen Überschüsse auf dem europäischen Agrarmarkt irritie-
ren lassen.

Abgesehen davon, dass weltweit zu wenig statt zu viel erzeugt wird,
kann die Ernährungssituation auch in Europa bald einmal sehr ernst
werden. Wer garantiert uns, dass angesichts der steigenden Unsicherheit
der klimatischen Bedingungen, der Umweltzerstörung usw. die Nah-
rungsbeschaffung für die Zukunft gesichert bleibt?

Nicht nur in Afrika, sondern auch in weiten Gebieten Südeuropas
wuchs in den vergangenen Jahren durch die Dürre so gut wie nichts. Aus
Gegenden, wo der Wald stirbt, müssen die Menschen zwangsläufig ab-
wandern (siehe Erzgebirge). Dort versiegen nicht nur die Quellen, sondern es kann auch nichts mehr angebaut werden. Der Boden versteppt.
Wenn nun – was wir ja nicht hoffen – nach der Meinung der Experten
bald kein Wald mehr da sein wird, braucht sich niemand mehr Sorgen
wegen Überschüsse zu machen. Übrigens häufen sich die Meldungen
über Bodenzerstörung, Schwinden der Humusschicht, Erosion usw. auch
in unserem eigenen Lande immer mehr. Man kann die Abtötung der le-

bendigen Schicht unserer Böden am besten an den häufigen Überschwemmungen (siehe die Hochwasser der letzten Jahre) feststellen. Selbst nach mäßigen Regenfällen treten Bäche und Flüsse über die Ufer. Die Böden können kein Wasser mehr speichern, die Verbindung nach unten ist unterbrochen und so trägt das Wasser die obere Bodenschicht immer mehr ab. Oder denken wir an die von Jahr zu Jahr steigende Unsicherheit im Wettergeschehen. Eine mehrwöchige Regenperiode in der Erntezeit kann sämtliches Getreide in Mitteleuropa zum Auswachsen bringen. Das sind alles gute Gründe, sich nicht vor zu viel Gaben des Himmels fürchten zu müssen.

Die Chancen für Unternehmer

Hier gilt es einen Gedanken zu äußern, der bisher von Wirtschaftspolitikern und -planern noch so gut wie gar nicht ins Auge gefasst wurde: Industrie und Landwirtschaft haben ihrer Natur nach gegensätzliche Interessen. In Wirtschaftsdiskussionen und auf der politischen Bühne tritt dies immer wieder zutage. Das muss aber durchaus nicht so bleiben. Hier kann die Industrie etwas für den Landbau tun, das ihr in der Folge wieder zugute kommt. Wir wissen: Ein großes Heer Arbeitsloser belastet scheinbar nur den Staatssäckel. Aber die dafür aufgewendeten Gelder müssen ja durch die Steuern hereingebracht werden. Und wer anders als die Industrie ist der Hauptsteuerträger? Ihre wohlwollende Haltung in dieser Sache bewirkt durch steuerliche Entlastung auch ihre eigene Sanierung.

Was also von Unternehmern erwartet wird, ist die Bereitwilligkeit, in ihren Betrieben Teilarbeitsplätze zu schaffen. Diese Möglichkeit wird in Wirtschaft und Politik immer noch viel zu zögerlich diskutiert. Natürlich wird das in den einzelnen Branchen bzw. bei den einzelnen Arbeitsgängen nicht überall gleichmäßig und ohne weiteres eingerichtet werden können. Aber es ist sicher hier vieles machbar, und wenn überall alle Möglichkeiten ausgeschöpft würden, dürfte das Gesamtangebot an Halbzeit-Arbeitstellen im Ganzen doch recht bedeutend sein.

Fazit: Ohne ein tätiges Mitwirken durch industrielle und andere Unternehmer ist mit der Idee von Kleinstellen nichts Durchgreifendes zu machen. *Wenn die Institutionen und Einzelpersönlichkeiten, die hier etwas bewirken können, ernstlich an die Realisierung herangehen, braucht uns um unsere Zukunft nicht bange sein. Dann kann uns keine Krise mehr etwas anhaben. Denn dann können Erschütterungen von Wirtschaft und Gesellschaft nicht eintreten, weil ihnen jeder Boden entzogen ist.*

Das gilt besonders für die meisten Länder der so genannten Dritten Welt, aber sicher bald auch für uns. Auf Auslandsmärkte dürfen wir uns in Zukunft nicht verlassen. Was wir ihnen heute liefern, sind hochwer-tige Industriewaren und eine hochentwickelte Technologie. Damit zie-hen wir uns aber unsere eigenen Konkurrenten heran.

Wer als Industrieller wirklich auf lange Sicht vorsorgen will, muss jetzt schon auf *Stärkung des Inlandsmarktes* hinarbeiten. Dazu kann die hier angeregte Initiative sicher viel beitragen.

Was kann getan werden?

Es sollten in jedem Bundesland ein oder mehrere Modelle für die Verwirklichung der Idee geschaffen werden. Außer der Nutzbarmachung des stellenweise reichlich vorhandenen Brachlandes wäre zu überlegen, ob, wie Heinrich Jebens am Schluss des Kapitels (S. 22) vorschlägt, einige frei werdende Bauernhöfe, die gegenwärtig wegen Todesfall, Fehlen von Erben, Verschuldung und dergleichen vereinzelt zur Verfügung stehen, aufgesiedelt werden könnten. Häufig findet sich angesichts der immer schwerer werdenden Existenzbedingungen kein Käufer, der im bisherigen Stil weiterwirtschaften will. In erster Linie käme natürlich die Zusammenlegung der überall in den Gemeindegemarkungen verstreut liegenden Kleinparzellen in Frage. Man rede hier nicht von einer drohenden Zersiedlung unseres eng gewordenen Lebensraumes. Was ist besser: Viehlose Getreide- und Rüben-Monokulturen, Ställe mit tausenden von Masttieren, die ganze Gegenden verstinken usw. oder die Durchsetzung der Landschaften nicht nur mit aus der Not geborenen Selbstversorger-gärten, sondern mit lebensfähigen Klein-Landwirtschaften, wie sie an Hand der vier hier geschilderten Möglichkeiten, zwischen denen es noch andere Varianten gibt, dargestellt wurden?

Leider muss befürchtet werden, dass in den nächsten Jahren abermals zahlreiche kleine und mittlere Betriebe aufgegeben werden. Zusammen mit der nicht aufzuhaltenden Rationalisierung im Industriesektor, bei der Bürotätigkeit und dergeichen muss daher zwangsläufig die Arbeitslosigkeit steigen. Mit der Halbierung der Arbeitszeit, ermöglicht durch Eigenversorgung, haben wir, wenn auch nicht das einzige, so doch sicher das wirksamste Mittel in der Hand, den unabsehbaren Folgen dieser Entwicklung vorzubeugen.

Diese Schrift will nicht in erster Linie als eine Anweisung für die Gestaltung von Kleinsiedlungen verstanden werden. Sie will vielmehr zu Initiativen in dieser Richtung auffordern. Planungen zu einem Zurück zu kleinen Einheiten ohne die gleichzeitige Inangriffnahme der Halbzeitbeschäftigung locken keinen Hund hinter dem Ofen hervor. Deshalb wendet sich die Broschüre wohl an siedlungswillige junge Menschen, die sich vom Thema direkt angesprochen fühlen, aber gleichzeitig auch an alle diejenigen, die bei Planungen etwas zu sagen haben, wie z.b. an Landwirtschaftsämter, Bürgermeister, vor allem natürlich an große und kleine Unternehmer, Angehörige aller politischen Fraktionen in Gemeinden, Kreisen, Ländern und in Bonn bzw. Berlin. Diesen allen müsste sie in die Hand gedrückt werden. Desgleichen sollte in der Presse, auch in der lokalen, sowie in den Verkündigungsblättern der Gemeinden darauf hingewiesen werden. Wenn die Sache nicht bekannt wird, kann es nicht dazu kommen, dass von den verschiedensten Stellen, die dabei aktiv werden könnten, etwas in die Wege geleitet wird.

Deshalb die Bitte: Helfen Sie alle mit, dass man überall Notiz davon nimmt. Vor allem müssten Handwerks- und Industrieunternehmer angesprochen werden. Wenn dieser Prozess in Gang käme, würde damit der einmalige Fall eintreten, dass eine Branche, deren Entwicklung das Land *entv*ölkert hat, es wieder *bev*ölkern hilft. Das wäre ein Akt echter Brüderlichkeit im Großen und gleichzeitig ein Argument gegenüber der Behauptung (und leider auch vielfacher Tatsachen), dass in kapitalistisch orientierten Ländern nur mit Ellbogenpraktiken gearbeitet wird. Tun wir deshalb das Mögliche, damit das hier Angeregte zum Handeln führt. Ganz im Sinne Goethes, der einmal schrieb: *»Ich lese nichts, das mich nicht auch zum Tun anregt.«*

Über den Autor

Oswald Hitschfeld wurde in Weckersdorf/Ostböhmen als Bauernsohn geboren, lernte in der Landwirtschaft und ließ sich zum Diplom-Landwirt ausbilden. Nach der Vertreibung aus der angestammten Heimat wurde die Familie im badischen Berghaupten ansässig. Hier widmete sich Oswald Hitschfeld sehr erfolgreich dem naturgemäßen Landbau, wurde zum Motor für Biologisch-Dynamische Wirtschaftsweise. Schon 1946 begann er mit der Beratung der Bauern in seiner Wahlheimat im mittelbadischen Raum sowie im nahen Elsass.

Außerdem war er bis in das hohe Alter vielfältig journalistisch tätig. So hatte er auch seit 1954 die Redaktion der Zweimonatsschrift »Naturgemäßer Land- und Gartenbau« inne, die seit Ende 1988 mit **NATÜRLICH GÄRTNERN** vereinigt ist.

Oswald Hitschfeld organisierte neben seiner Erwerbsarbeit auch unermüdlich Tagungen und Ausstellungen mit Teilnehmern aus Deutschland, Frankreich, Österreich und der Schweiz. Seit 1964 veranstaltete er die jährliche Herbsttagung der »AG für naturgemäßen Land-, Obst- und Gartenbau e.V.« und der »Südwestdeutschen und Elsässischen AG für Biologisch-Dynamische Wirtschaftsweise e.V.« in der Offenburger Oberrheinhalle, die für viele Freunde des Biologischen Garten- und Landbaus zu einer unersetzlichen Möglichkeit, gleichgesinnte Menschen kennen zu lernen und eigenes Wissen zu erweitern, geworden ist.

Zu Hitschfelds 85. Geburtstag schrieb *Karl Buchleitner* in der Zeitschrift »Die Kommenden«: »In diesem Leben eines engagierten Vertreters nicht nur der biologisch-dynamischen Landwirtschaft, sondern auch der kulturellen Aufgabe des Bauerntums überhaupt, spiegelt sich die Tragödie unseres Jahrhunderts, die vorwiegend eine Tragödie Mittel- und Osteuropas geworden ist.«

Oswald Hitschfeld verstarb 1993 im Alter von nahezu 89 Jahren in seinem Wahlheimatort Berghaupten/Baden. Er gehörte zu den Pionieren des Ökologischen Land- und Gartenbaus.

Quellen- und Literaturverzeichnis

DÖBLIN, H.-E.: Einführung in die Getreide-Umpflanz-Technik auf Grund eigener Versuche und Beobachtungen. Berlin 1928. Z. Zt. vergriffen.

FRANTZEN, H.: (Die) Tierhaltungsfreie Landwirtschaft. - Fett, Eiweiß, Obst und Gemüse - Vollernährung für sechs Menschen auf einen Hektar. In »Unser Hof 1948« und »Unser Hof 1950« und Berlin 1947 und 1949. Vergriffen.

HALLER, A. v.: Die Wurzeln einer gesunden Welt. Langenburg 1976.

HEILMANN, H. & ZIMMER, U.O. (Hrsg.): Ökologischer Feldgemüsebau. Karlsruhe 1990

HENNIG, E.: Geheimnisse der fruchtbaren Böden - Die Humuswirtschaft als Bewahrerin unserer natürlichen Lebensgrundlage. Xanten 4. Auflage 2002

HEYER, G. v.: Der Regenwurm – Dein Freund und Helfer. Hamburg 1974

HEYER, G. v.: Die Revolution beginnt im Garten. Hamburg 1975

HEYER, G. v.: Die drei Säulen der Dauerfruchtbarkeit im naturgemäßen Land- und Gartenbau. Hamburg 1979

HIGA, T. : Eine Revolution zur Rettung der Erde. Mit Effektiven Mikroorganismen (EM) die Probleme unserer Welt lösen. Xanten 4. Auflage 2002

HIGA, T.: Die wiedergewonnene Zukunft. Effektive Mikroorganismen (EM) geben neue Hoffnung für unser Leben und unsere Welt. Xanten 2002

HOWARD, A.: Mein landwirtschaftliches Testament. Xanten 2. Auflage 2005

JEBENS, H.: Der Kleinsthofplan. Das Fundament zum Volksneubau. Hamburg 1948. Vergriffen.

JEBENS, H.: Hof Freienfelde. In »Unser Hof 1950«. Berlin 1949. Vergriffen.

KING, F.H.: 4000 Jahre Landbau in China, Korea und Japan. Xanten 2. Auflage 2005

KIRSCH, K.: Naturbauten aus lebenden Gehölzen. Xanten 3. Auflage 2003

KLEBER, G. & KLEBER, E.W.: Gärtnern im Biotop mit Mensch. Das praktische Biogarten- und Permakultur-Handbuch. Xanten 2000

KÖNEMANN, E.: Die viehstarke Kleinsthofsiedlung – die viehlose Gartenbausiedlung. In »Unser Hof 1950«. Berlin 1949. Vergriffen.

KOEPF, H.H., PETTERSON, B.D. & SCHAUMANN, W.: Biologisch-Dynamische Landwirtschaft. Stuttgart 1980.

KRETSCHMANN, K. & BEHM, R.: Mulch total - Der Biogarten der Zukunft. 3. Auflage Xanten 2003

LANGERHORST, M: Meine Mischkulturenpraxis nach dem Vorbild der Natur. OLV Organischer Landbau Verlag, Xanten, 2. Auflage 2005

LAU, K.W.: Kleintierhof, Stuttgart 1989. Stuttgart 1989. Z. Zt. vergriffen.

LAU, K.W.: Die Gemüse-Getreide-Mischkultur nach Siegfried Lange. Zeitschrift »GARTEN ORGANISCH«, 5/1990, 10-14 (heute NATÜRLICH GÄRTNERN). OLV Organischer Landbau Verlag, Kevelaer

LAU, K.W. (Hrsg.): NATÜRLICH GÄRTNERN – Magazin für biologisches Gärtnern. 6 x jährlich, Kevelaer.

LORCH, A.: EM Eine Chance für unsere Erde. Effektive Mikroorganismen; Wirkungsweise und Praxis. Xanten 2006

MIGGE, L.: Jedermann Selbstversorger. Eine Lösung der Siedlungsfrage durch neuen Gartenbau. Jena 1919. Vergriffen.

MÜCKE, K.-H.: Der Intensivgarten. Höchsterträge von kleinster Fläche im ganzen Jahr. München 1983

POMMERESCHE, H.: Humussphäre. Humus – Ein Stoff oder ein System? Xanten 2004

POMMERESCHE, H.: Pflanzen fressen Fleisch. Visionen für eine biologisch orientierte Agrarkultur. Sonderdruck aus NATÜRLICH GÄRTNERN – Magazin für biologisches Gärtnern, Kevelaer

RUSCH, H.P.: Bodenfruchtbarkeit. Eine Studie biologischen Denkens. Xanten 2003

SCHÖNAUER, G.: Zurück zum Leben auf dem Lande. München 1979

SCHWARZ, M.K.: Der Gärtnerhof. Eine Betriebsform eigener Art im Gefüge der Landschaft. Hamburg 1947. Z. Zt. vergriffen.

SEIFERT, A.: Gärtnern, Ackern ohne Gift. München 1971

SEKERA, M.: Gesunder und kranker Boden. 6. Auflage Kevelaer 2009

SIEBENEICHER, G. E. (Hrsg.): Handbuch für den biologischen Landbau. Das Standardwerk für alle Richtungen und Gebiete. Augsburg 1993

STADELMANN, A.F.: Selbstversorgung auf kleinster Fläche. A-Dornbirn 1947. Vergriffen.

UNGELEHRT, H.: Die Selbstversorgersiedlung. Stuttgart 1946 VERSHOFEN, W.: Hauswerk und Siedlung. Berlin 1946. Vergriffen.

VOLLBRECHT, E.: Die Stadtrand-Nebenerwerbsiedlung. Hamburg 1948 Vergriffen.

WHITEFIELD, P.: Permakultur kurz & bündig. – Schritte in eine ökologische Zukunft. Xanten, 3. Auflage 2003

WHITEFIELD, P.: Das Große Handbuch Waldgarten. Biologischer Obst-, Gemüse- und Kräuteranbau auf mehreren Ebenen. Kevelaer, 2. Aufl. 2007

über 50 Jahre Erfahrung!

NATÜRLICH GÄRTNERN

Seit über 50 Jahren das weiterführende Biogarten-Magazin mit avantgardistischer Zielrichtung. Für Leserinnen und Leser, die einen höheren Anspruch an Inhalt und Niveau stellen.

Profitieren auch Sie von den vielen Praktiker-Tipps und Empfehlungen, für jedermann verständlich geschrieben. Praktische Hilfen für biologisches, nachhaltiges Gärtnern, Effektive Mikroorganismen (EM), Serien und Rubriken in Hülle und Fülle.

Das Heftkonzept entspricht seit Jahrzehnten einem praktischen Ratgeber für Familiengärtner mit Pioniercharakter. Die Themen werden nutzorientiert, lehrreich, anschaulich und unterhaltsam vermittelt.

NATÜRLICH GÄRTNERN erscheint sechsmal jährlich. Testen Sie drei Ausgaben zum Kennenlernpreis von nur **11,85 €!**

NATÜRLICH GÄRTNERN-**Leserservice:**

Gut Neuenhof, Im Kuckucksfeld 1, 47624 Kevelaer
Tel. 0 28 32/9 72 78-20, Fax: 0 28 32/9 72 78-69, E-Mail: info@olv-verlag.de

www.natuerlich-gaertnern.de

Das große Handbuch Waldgarten

Von *Patrick Whitefield*.
2. Auflage, 178 Seiten, 18 teils groß-
formatige, beispielhafte Fotos auf
Kunstdrucktafeln, 30 Schwarzweiß-
Fotos, 50 Skizzen, Übersichtstabellen
und Informationskästen, 14,8 x 21,0 cm,
Softcover.

ISBN 978-3-922201-25-0

Eine immer noch neue Idee zum Biogärtnern aus England. Gemeint sind
große wie kleine Gärten, die wie Miniatur-Waldlandschaft gestaltet werden.
Es ist eine völlig neue Art zu gärtnern. In einem „essbaren" Waldgarten
besteht die Baumschicht aus Obst- und Nussbäumen, die Strauchschicht aus
Beeren- und Nusssträuchern, die Krautschicht aus (möglichst) mehrjährigen
Gemüse- und Kräuterarten usw..
Patrick Whitefield ist studierter Landwirt, Permakultur-Designer und -lehrer,
Autor zahlreicher Bücher und Zeitschriftenartikel, außerdem Vortragsredner
zum Thema Permakultur und Permakukltur-Berater. Er wuchs auf einem
kleinen Hof im britischen Sommerset auf und studierte Landwirtschaft am
Shuttleworth College in Bedfordshire/Britannien. Anschließend sammelt er
reichlich praktische Erfahrungen auf Bauernhöfen in Britannien, dem Mittleren Osten und Afrika.

Erhätlich über jede Buchhandlung oder www.olv-verlag.de

Permakultur kurz & bündig
Schritte in eine ökologische Zukunft

Patrick Whitefield

PERMAKULTUR
KURZ & BÜNDIG
Schritte in eine ökologische Zukunft

ORGANISCHER LANDBAU

Von *Patrick Whitefield*.
3. Auflage, 68 Seiten, 14,8 x 21,0 cm, zahlreiche Zeichnungen, Softcover

ISBN 978-3-922201-15-1

Dieses Buch bietet eine erste Einführung in die Permakultur, vor allem für Menschen in der gemäßigten Klimazone. Es erklärt, was Permakultur ist und bringt viele Beispiele, wie sie in den verschiedenen Situationen sowohl auf dem Land als auch in der Stadt praktisch umgesetzt werden kann.

Ein ganzheitlicher Ansatz, der Problemlösungen für Landwirtschaft, Gartenbau, Gartenselbstversorgung, Forst-, Wasser- und Energiewirtschaft, Architektur und Raumordnung, Finanzplanung und soziale Organisation in sich vereint. Dies ist der Anspruch der Permakultur, den Patrick Whitefield anschaulich beschreibt. Im zweiten Teil seines Buches führt er Ideen und praktische Beispiele an. Das Buch ist eine leicht verständliche Einführung in die Permakultur für Menschen in der gemäßigten Klimazone.

Patrick Whitefield ist studierter Landwirt, Permakultur-Designer und -lehrer, Autor zahlreicher Bücher und Zeitschriftenartikel, außerdem Vortragsredner zum Thema Permakultur und Permakultur-Berater.

Erhältlich über jede Buchhandlung oder www.olv-verlag.de

Mulch total –
Der Garten der Zukunft

Von *Kurt Kretschmann*
und *Rudolf Brehm*.
3. Auflage, 170 Seiten. Zahlreiche
schwarz-weiß Fotos und vierfarbige
Kunstdrucktafeln, Softcover.

ISBN 978-3-922201-18-2

Ein jahrzehntelanger Gartenpraktiker beschreibt, wie er seit vielen Jahren
seinen Hausgarten konsequent mit organischen Materialien bedeckt und
welche überaus positiven Folgen das für seine Gartenfrüchte hat. Durch die
geschlossene Mulchdecke wird die Aktivität des Bodenlebens enorm geför-
dert, was aus einer hohen Besatzdichte verschiedener Regenwurmarten
ersichtlich wird.
Er verzichtet auf den Einsatz jeglicher Dünger und Pflanzenbehandlungs-
mittel.

Erhältlich über jede Buchhandlung oder www.olv-verlag.de

Meine Mischkulturenpraxis
nach dem Vorbild der Natur

Von *Margarete Langerhorst.*
2. Auflage, 144 Seiten, 14,8 x 21,0 cm,
zahlreiche Farbfotos, Softcover.

ISBN 978-3-922201-21-2

Aufgrund jahrzehntelanger Arbeit auf ihrem über drei Hektar großen Gartenhof in Oberösterreich entwickelte Margarete Langerhorst ein gut durchdachtes gärtnerisches Mischkulturenkonzept nach dem Vorbild der Natur. Es handelt sich um eine hochrationelle, völlig giftfreie Anbaumethode, die qualitativ hochwertige Pflanzen für die menschliche Ernährung auf der Basis eines immerwährend fruchtbaren Gartenbodens ohne die Anwendung von Agrargiften und künstlichen Nährsalzen erzeugt. So entstehen in jeder neuen Gartensaison Lebensgemeinschaften von Nutzpflanzen, die optimal zueinander passen, sich gegenseitig unterstützen, ja sich sogar in ihrer Entwicklung fördern und vor bestimmten „Schädlingen" und Krankheiten schützen. Die Autorin hat ihre Mischkulturenpraxis, die für kleine wie größere Gärten gleichermaßen geeignet ist, fast bis zur Perfektion entwickelt. Die Autorin ist Biogartenpraktikerin, Mischkulturen- und Selbstversorgungsspezialistin und Meisterin der ländlichen Hauswirtschaft und als Mitarbeiterin zahlreicher Garten- und Landbauzeitschriften im In- und Ausland tätig.

Erhätlich über jede Buchhandlung oder www.olv-verlag.de

Geheimnisse der fruchtbaren Böden

Die Humuswirtschaft als Bewohnerin unserer natürlichen Lebensgrundlage

Von *Erhard Hennig*.
206 Seiten, 14,5 x 21,0 cm,
zahlreiche schwarz-weiß- und
Farbfotos, Hardcover.

ISBN 978-3-922201-09-0

Dieses von einem langjährigen Kenner und absoluten Fachmann seines Gebietes spannend geschriebene Lehr- und Lesebuch gibt einen nahezu umfassenden und dabei praktisch umsetzbaren Einblick in den schon als schicksalhaft zu bezeichnenden Kreislauf Boden - Pflanze - (Tier) - Mensch. Es lässt den Leser am faszinierenden, geheimnisvollen Leben unserer noch gesunden Böden teilhaben. Der Autor vermittelt in diesem Buch das uralte Wissen unserer garten- und ackerbautreibenden Großeltern zur fachlich richtigen Anwendung der Kompost- und Humuswirtschaft. Nach einer landwirtschaftlichen Ausbildung arbeitete er als Staatlich geprüfter Landwirt und Agraringenieur auf verschiedenen landwirtschaftlichen Großbetrieben. 1946 begründete Erhard Hennig einen landwirtschaftlichen Betrieb mit 100 Hektar Land und etwas Vieh. Hier baute er in größerem Umfang Gemüse an. Er konnte zeigen, das über einen weitgehend geschlossenen Kreislauf mit entsprechender Düngepflege hervorragende Ernten erzielt werden können – ohne den Einsatz chemischer Dünger oder Pestizide.

Erhältlich über jede Buchhandlung oder www.olv-verlag.de